新人間叢書910

孩子你慢慢來

龍應台◎著

目錄

Bernhard Walther／攝影

長長的路 慢慢的走

〔序〕

蝴蝶結

「阿婆，我要這一束！」

黑衫黑褲的老婦人把我要的二十幾枝桃紅色的玫瑰從桶裡取出，交給小孫兒，轉身去找錢。

小孫兒大概只有五歲，清亮的眼睛，透紅的臉頰，咧嘴笑著，露出幾顆稀疏的牙齒。他很愼重、很歡喜地接過花束，抽出一根草繩綁花。花枝太多，他的手太小，草繩又長，小小的人兒又偏偏想打個蝴蝶結，手指繞來繞去，這個結還是打不起來。

「死嬰那，這麼憨慢！卡緊，郎客在等哪！」老祖母粗聲罵起來，還推了他一把。

「沒要緊，阿婆，阮時干眞多，讓伊慢慢來。」

安撫了老祖母，我在石階上坐下來，看著這個五歲的小男孩，還在很努力地打那個蝴蝶結：繩子穿來穿去，剛好可以拉的一刻，又鬆了開來，於是重新再來；小小的手慎重地捏著細細的草繩。

淡水的街頭，陽光斜照著窄巷裡這間零亂的花鋪。

回教徒和猶太人在彼此屠殺，衣索匹亞的老弱婦孺在一個接一個地餓死，紐約華爾街的證券市場擠滿了表情緊張的人——我，坐在斜陽淺照的石階上，願意等上一輩子的時間，讓這個孩子從從容容地把那個蝴蝶結紮好，用他五歲的手指。

「王愛蓮，補習費呢？」

林老師的眼光冷冷的。王愛蓮坐在最後一排；她永遠坐在最後一排，雖然她個子也矮。六十個學生凍凍地縮在木椅上，沒有人回頭，但是不回頭，我也能想像王愛蓮的樣子：蓬亂的頭髮一團一團的，好像從來沒洗過。穿著骯髒破爛的制服，別人都添毛衣的時候，她還是那一身單衣，冬天裡，她的嘴唇永遠是藍紫色的，握筆的手有一條一條筋暴出來。

「沒有補習費，還敢來上學？」

林老師從來不發脾氣，他只是冷冷地看著你。

「上來！」

王愛蓮抽著鼻涕，哆哆嗦嗦走到最前排，剛好站在我前面；今天，她連襪子都沒穿。光光的腳夾在硬邦邦的塑膠鞋裡。我穿了兩雙毛襪。

「解黑板上第三題！」

林老師手裡有根很長的籐條，指了指密密麻麻的黑板。

王愛蓮拿起一枝粉筆，握不住，粉筆摔在地上，清脆地跌成碎塊。她又拾起一枝，勉強在黑板邊緣畫了幾下。

「過來！」

老師撫弄著手裡的籐條。全班都停止了呼吸，等著要發生的事。

籐條一鞭一鞭地抽下來，打在她頭上、頸上、肩上、背上，一鞭一鞭抽下來。王愛蓮兩手捂著臉，縮著頭，不敢躲避，不敢出聲；我們只聽見籐條揚上空中抖俏響亮的「欶欶」聲。

然後鮮血順著她糾結的髮絲稠稠地爬下她的臉，染著她的手指，沾了她本來就骯髒的土黃色制服。林老師忘了，她的頭，一年四季都長瘡的。一道一道鮮紅的血交叉過她手背上紫色的筋路，纏在頭髮裡的血卻很快就凝結了，把髮絲黏成團塊。

第二天是個雨天。我背了個大書包，跟母親揮了揮手，卻沒有到學校。我逛到小河邊去看魚。然後到戲院去看五顏六色的海報，發覺每部電影都是由一個叫「領銜」的明星主演，卻不知她是誰。然後到鐵軌邊去看運煤的火車，踩鐵軌玩平衡的

遊戲。

並不是王愛蓮的血嚇壞了我，而是，怎麼說，每天都有那麼多事要「發生」：隔壁班的老師大喊一聲「督學來了」，我們要眼明手快地把參考書放在腿下，用黑裙子遮起來；前頭的林老師換上輕鬆的表情說：「我們今天講一個音樂家的故事。」等督學走了，又把厚厚的參考書從裙下撈出來，作「雞兔同籠」。

要不然，就是張小雲沒有交作業；老師要她站在男生那一排去，面對全班，把裙子高高地撩起來。要不然，就是李明華上課看窗外，老師要他在教室後罰站，兩腿彎曲，兩手頂著一盆水，站半個小時。要不然，就是張炳煌得了個「丙下」，老師把一個寫著「我是懶惰蟲」的大木牌掛在他胸前，要他在下課時間跑步繞校園一周。

我每天背著書包，跟母親揮手道別，在街上、在雨裡遊蕩了整整一個月，記熟了七賢三路上每一個酒吧的名字，頂好、黑貓、風流寡婦、OK……

被哥哥抓到、被母親毒打一頓，再帶回林老師面前時，我發覺，頭上長瘡的王愛蓮也失蹤了好幾個星期。我回去了，她卻沒有。

王愛蓮帶著三個弟妹，到了愛河邊；跳了下去。大家都說愛河的水很髒。

那一年，我們十一歲。

淡水的街頭，陽光斜照著窄巷裡這間零亂的花鋪。

醫院裡，醫生正在響亮的哭聲中剪斷血淋淋的臍帶；鞭炮的煙火中，年輕的男女正在做永遠的承諾；後山的相思林裡，墳堆上的雜草在雨潤的土地裡正一吋一吋的往上抽長……

我，坐在斜陽淺照的石階上，望著這個眼睛清亮的小孩專心地做一件事；是的，我願意等上一輩子的時間，讓他從從容容地把這個蝴蝶結紮好，用他五歲的手指。

孩子你慢慢來，慢慢來。

原載聯合副刊，一九八五年三月二十七日

初識

「啵」

事情，是這樣開始的。

去年八月，華安一家三口旅行到澳洲一個小小的港口。這兒先得解釋一下：華安，當時是個八個月大的嬰兒。育兒書裡有關於他的詳細記載：「八個月大的嬰兒，能爬行、能扶床站立、沿壁扶走。口慾甚強，任何東西皆送往口中品嘗。尚不能人語，但會咿呀作聲，會叫爸媽。」至於一家三口，當然就是華安的媽媽和爸爸。

港口中的水非常清澈，一群相貌古怪的鳥漂在水上等著遊人的麵包。這鳥的嘴巴極大，像把剪樹枝用的大剪刀。奇怪的是，嘴巴下面還吊著個大口袋。鳥兒大嘴

一張，丟進來的蘋果、麵包、小魚就滾進大口袋裡，沉甸甸的。

華安坐在岸上，眼睛一眨都不眨地驚看這巨大的鳥。

爸爸說：「Das ist der Pelikan.」

媽媽努力想了一會，下定決心地說：「這是塘鵝。」

華安手裡一隻削了皮的蘋果，掉到地上，翻了幾個觔斗就撲通摔進水裡，又呱一聲進了大鳥的口袋。

爸爸把華安摟在懷裡，指著水中的動物，很乾脆俐落地說：「安安，牠們是Bird，Bird，Bird，Bird……」

安安不動聲色，伸手扯了爸爸衣袖上的扣子，放在嘴裡吃。

九月，安安和爸爸媽媽到了美國。他們在森林裡租了一棟小小木頭房子。房子四周長滿青草，一身雞皮疙瘩的小青蛙常常跳上台階，閃進紗門來。

有一天早上，太陽特別亮，長長斜斜的陽光一道一道射進森林裡來，輕飄飄的灰塵在一道一道光裡翻滾。爸爸在廚房喝咖啡，媽媽倚著欄杆讀報紙，安安剛剛把媽媽的牙刷塞進樹幹上一個洞裡，現在正忙著把泥土塞滿爸爸的球鞋。

媽媽好像聽見一個細細的聲音，「啵——」。她繼續看報紙。

「啵——」又來了，原來是華安在發聲，媽媽不理他。

Bernhard Walther／攝影

自然詩人劉克襄剛結婚的時候，堅決地說，絕對不能有小孩，
在台灣這麼惡劣的自然環境裡，不，絕不要小孩。
幾年後再見到他，他正在和一夥人談他身為奶爸的經驗：
他如何被一個從早到晚只會啼哭的小東西完全的控制、
他的生活如何如何的狼狽……
大夥正要到頹廢的酒吧去，他站起來，說：對不起，我要回去餵奶了。
那晚，他走得洋洋得意。
他用受虐的、抱怨的方式來表達心中洋溢的幸福。

「啵，媽媽，啵！」華安似乎焦急起來，聲音堅持著。

「怎麼啦，寶寶，哎呀，爸爸鞋子給你搞這麼髒！」

「啵，媽媽，啵，啵，啵！媽媽，啵！」他已經爬了過來，扯著裙角站起來，用胖胖的手指著草叢。

媽媽細看了一下，草叢錯雜處，昂然站著一隻大公雞，鮮紅的雞冠襯著金綠的長尾，在陽光下閃閃發光。大公雞也有一對圓溜溜的眼睛，眨都不眨地看著跟牠差不多高的華安。

「媽媽，啵！」安安帶點興奮、帶點驚恐地，努力用手指著大公雞。

媽媽好像聽到腦子裡滴答一聲，突然懂了。對呀，一身羽毛、兩隻瘦腳、一把尖嘴，這不是Bird，啵，是什麼呢？

媽媽狂熱地擁吻華安，一邊像個很沒有教養的女人扯著喉嚨大叫：「爸爸快來呀，安安說話了，說話了，他會說話了……」

安安很厭煩地，奮力推開媽媽的臉，拚命扭著身子、拉長脖子想湊近看看草叢裡那個神氣活現的傢伙。

初識

認識了「啵」之後，華安就認識了宇宙。

每天早上，教堂的鐘噹噹噹敲個八、九響，華安就跟媽媽出發，到一公里外的貓川幼兒園。不下雨的時候，媽媽推出黃色的腳踏車，安安的專用椅擺在後座，也是黃色的。一路上，兩個人都很忙碌。是這樣的，媽媽必須做導遊，給安安介紹這個世界，安安是新來的。而媽媽漏掉的東西，安安得指出來，提醒她。

短短一條普通的路上，究竟有些什麼東西呢？華安的媽媽搖搖頭說，啊，那實在太多了，說不完哪！你瞧，天上，有一輪太陽，有一團團一塊塊的白雲，有時候又是黑雲，雲的背面有藍色的天空。噴射機過境的時候，老遠就可以看見那條漸拉漸長的白線，把天空劃成兩半。初春的季節也很多事，那軟綿綿的柳絮全都從樹枝梢頭吹了出來，飄得滿天滿地，又飄到安安的頭髮中……

那路上，也看不完哪！這家院子裡站著棵蘋果樹，那家牆腳爬著株葡萄藤。拄拐杖的老太婆在花園新翻的土床上放了一隻陶做的兔子、兩隻雪白的鴨子、一頂雨傘似的大香菇，香菇傘底下還坐著一隻綠皮醜青蛙——這些，你說華安會放過嗎？

至於路上那些會動的東西，可眞多得教人頭痛呢！大街上停停跑跑的是汽車——卡車、吉普車、巴士、摩托車、腳踏車、火車、電車、垃圾車、嬰兒車……說都說不完。迎面而來一團搖搖滾滾的黑毛，「狗狗」，不能不打招呼。對街窗台上一隻伸懶腰的貓咪，轉角處一片山坡，山坡上低頭吃草的花白乳牛，脖子上繫著鈴鐺，叮鈴叮鈴在風裡傳得老遠老遠……

所以一路上，媽媽推著車，安安忙著觀望，兩個人有很多話要說。

「安安，聽，教堂的鐘聲……」媽媽慢下腳步。

「鐘聲——叮噹叮噹——」安安愉快地說，臉龐轉向教堂的方向。教堂在山的那一邊。

「花，花——」小手指著路邊的花叢，「紅色的！」

媽媽低頭看看，花瓣上還沾著晶亮的露水，「不是，安安，這花是黃色的。」

安安點點頭，努力地說：「嗯色的，嗯色的！」

75號巴士緩緩地從轉角冒出來。「巴士，媽媽，巴士來了，大的！」

「什麼顏色，安安？」

安安頓了一下，含糊過去：「嗯色的！」

「胡說八道！」媽媽拿野花敲敲他頭，說：「那是藍色的，跟天空一樣，你看！」

安安抬頭，突然大叫：「Bird！」

一隻海鷗滑翔過淡青的天空。

跟迎面而來的郵差打過招呼之後，一轉彎就是蘋果園了，蘋果樹下乳牛正在打

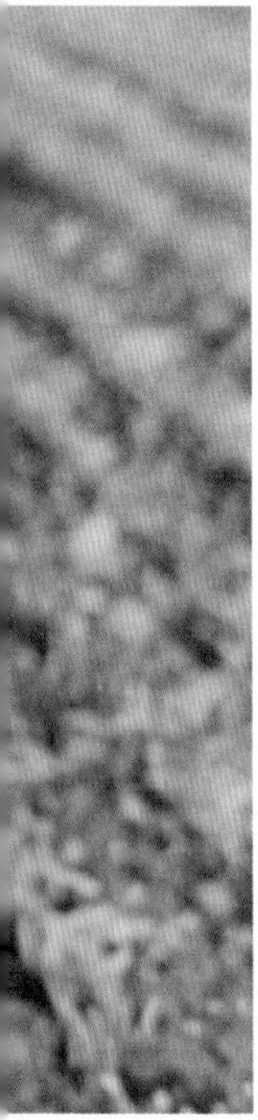

Bernhard Walther／攝影

一路上，兩個人都很忙碌。
是這樣的，媽媽必須做導遊，給安安介紹這個世界，安安是新來的。
而媽媽漏掉的東西，安安得指出來，提醒她。

盹。

「蘋、狗、牛、樹。」安安一個一個仔細而認眞地打招呼，「草、叮噹、房子、煙囪、腳踏車……」

上一個坡，「鹿鹿、青花、老公公……」

「青花」是青蛙，「老公公」是個陶做的長鬍子妖精。

行行復行行，終於到了貓川幼兒園。媽媽溫柔地把安安抱下車來，親吻著他的臉頰說：「小朋友，再見，去和昂弟玩，要乖。」

安安牽著幼兒園老師的手，看著媽媽推動腳踏車；突然想起什麼，對著她的背影大聲說：「媽媽，乖！」

黃昏

秋天的黃昏，葉子鋪得滿地，厚厚一層美麗的金黃。空蕩蕩的枝椏映著清冷的天空，彩霞的顏色從錯綜的枝椏縫裡透過來。小河的清水流著涼涼的聲音。

媽媽騎車載著華安往回家的路上，看見一道古舊斑駁的小木橋，橫枕著悠悠的流水，心裡有點淒涼，於是側臉對華安說：「小橋——」

「小橋——」安安用脆脆的聲音回答。

「流水——」

「游水——」

「人家——」

「鴨鴨——」

「古道——」

「五道——」

「西風——」

「蜜蜂——」

「瘦馬——」

「狗狗，媽媽你看，狗狗——」

腳踏車上兩個影子，沿著小河漸行漸遠，漸漸融入了天的顏色，就看不見了。

龍

與宇宙驚識的安安，不足兩歲，卻有著固執的個性，他很堅決地要知道這世界上所有東西的名字。四隻腳、一身毛、會走動的東西叫「狗狗」，但是，同樣四隻腳、一身毛、會走動的東西，如果耳朵特別尖、鼻子特別尖，就叫「狐狸」。比較小，叫出來的聲音是妙嗚妙嗚的，就叫做「貓咪」。

有時候，安安從媽媽那兒卻得不到答案。他肥肥的手指指著書上畫的，仰臉熱切地問：

「什麼？」

媽媽湊近書本，看了又看，說：

「不知道哩！老天，怎麼有這樣的東西！」

安安不太高興了，手指固執地停在那裡，帶點責備口氣地，大聲說：

「媽媽，什麼？」

媽媽只好又低下頭去細看。這個東西，有老虎的頭、狗熊的身體、豹子的腳。漢聲出版的小百科用各種插圖來解說動物演化的過程。這不是兩歲孩子的書，但裡面圖畫很多，小安安認爲整套書就是爲他畫的，每天都要翻翻摸摸。書本立起來有他一半高，精裝封面又特別沉重，他總是費盡力氣，用陶侃搬磚的姿態把書從臥房抬到客廳裡去，氣喘喘地。書攤開在地上，安安整個人可以趴在上面。

「好吧，」安安的媽媽不得已地說：「這東西叫做怪物。」

「外物！」安安愼重地重複一次，滿意地點點頭。翻過一頁，又指著書上一個角落，「媽媽，什麼？」

媽媽一看，是個豬頭象身的東西，她忙站起身來，說：「怪物，寶寶，都叫怪物。你來喝杯熱牛奶好不好？還給你加阿華田？」

有時候，媽媽發覺，在將宇宙介紹給安安的過程裡，有許多意想不到的曲折。

三個月前，媽媽帶著安安來到台北的龍山寺前，廟廊柱子上盤著一條張牙舞爪的龍，長長的身軀繞著柱子轉。安安指著龍突出的彩眼，驚喜地扯扯媽媽的裙角，「媽媽，什麼？」

媽媽蹲下來，牽起安安的手，伸出去，讓他觸摸龍的身體，然後一個字一個字

地說：「這是龍，寶寶，這是龍，說，龍——」

安安很清晰地重複：「龍」。

廟裡的煙火薰香像飄渺的游絲一樣飄進媽媽的鼻息。她覺得意猶未盡，好像除了介紹「龍」的名字之外還有很多重要的話忘了說，好像讓華安認識「龍」與介紹他認識「狗狗」和「狐狸」不是同類的事情。究竟媽媽還想說什麼呢？她一時自己也想不起來，只突然聽裙邊仍舊在仰頭凝視的安安說：

「龍，好大！」

回到歐洲，當然就看不到龍了。可是有一天，在電車裡的安安突然對著窗外大聲喊：「龍，龍，媽媽你看——」

電車恰好停下來，媽媽趕快望出車窗，窗外是深秋蕭瑟的街道、灰沉沉的屋宇、灰沉沉的天空、灰沉沉的行人大衣。唯一的色彩，是一條近一百公尺長的彩帶，結在枝骨崢嶸的行道樹上，大概是準備迎接耶誕節的彩飾。媽媽突然明白了：小安安以爲任何長條的東西都叫做「龍」。

「不是的，安安，」媽媽說：「那是一條彩帶，不是——」

話沒說完，刮起一陣秋風，鮮紅的彩帶在風裡波浪似地翻滾起來，此起彼落，媽媽一時呆住了，她以爲自己在看一條春節鞭炮聲中的五彩金龍——誰說這不是一

條龍呢？

回到家裡，媽媽一頭栽進廚房裡，說是要給安安做魚粥，「常吃魚的小孩聰明。」她帶點迷信地說，一面開始切薑絲。

安安「蹬蹬蹬」跑進他自己的房間，放眼巡視了一下自己的各種財產，那包括毛茸茸的兔子、烏龜、狗狗、公雞、狗熊……，還有會講話的玩具鳥、會哭的黑娃娃、會奏樂的陀螺，還有可以騎的三輪車、爸爸自己一歲時搖過的木馬、裝著喇叭的卡車……當然，還有一籮筐的小汽車。

「嘩啦」一聲，廚房裡的媽媽知道安安已經選定了他要玩的，他正把一籮筐的汽車傾倒在地上。

媽媽一邊切胡蘿蔔一邊不自覺地哼著歌，一邊當然是豎著一個耳朵偵測安安的動靜，她自己不喜歡吃胡蘿蔔，可是從來不放過任何讓華安吃胡蘿蔔的機會。

「吃紅蘿蔔眼睛好，」媽媽想著，突然發覺自己在哼的曲調是「咕哇呱呱呱呱呱，就是母鴨帶小鴨——」她停下刀來，覺得有點恍惚：奇怪，以前自己常哼的歌是「滴不盡相思血淚／拋紅豆，開不完春柳春花／滿畫樓」，現在怎麼哼起這個母鴨調調來？

「媽媽，你看！」華安興奮地衝進廚房，拉起媽媽濕淋淋的手，「來！」

媽媽另一隻手還握著菜刀，跟著華安進了房間。地毯上是華安的車隊：卡車、

圓神出版社／提供

吉普車、巴士、摩托車、旅行車、拖車……一輛接著一輛，緊密地排列成歪歪斜斜的長條，從牆腳延伸到床頭。

「媽媽，」華安指著車隊，鄭重地說：「龍！」

媽媽彎下身來輕吻安安冒著汗的臉頰，笑得很開心：「對，寶寶，龍；車水馬龍。」

媽媽拎著菜刀，走出了安安的房間，安安又蹲下來，聽見媽媽在哼，一支很熟悉的歌，也快樂地跟著唱起來：「伊比亞亞伊比伊比亞——」

他爬、他笑、他搖頭、他站起來又一跤跌倒，
他眨動著圓滾滾、亮清清的眼睛。
我總是目不轉睛地看著他每一個舉動。

那是什麼？

華安站在床邊看著媽媽穿衣服，他指著素色的裙子說：「媽媽，新的？」

媽媽點點頭：「是，是新的。」

安安讚許地說：「很漂亮！」

做母親的停止了手的動作，驚異地望著那剛滿兩歲的小孩，心裡在想：老天，這小人兒在跟我「聊天」哪，用他僅有的辭彙。

爸爸走進臥房來，小人喜孜孜地跑過去，拉著他的大手，指指媽媽的裙子：「爸爸，Schau neue, schön，」他在用德語說：「你看，新的，很漂亮。」

謎

安安的媽媽是個中國人，從安安出世那天起，就一直只用國語和孩子說話，句

子中不夾任何外語。安安的爸爸是德國人，講標準德語，所以安安與爸爸說德語。然而爸爸和媽媽彼此之間說的是英語，沒有人教安安講英語。

一家人住在瑞士，瑞士人講方言德語，就好像講國語的人聽不懂閩南話一樣，德國人往往聽不懂瑞士方言。安安在幼兒園裡，跟老師和小朋友們說的是瑞士話。

眼睛圓圓、鼻子圓圓、臉龐圓圓的小安安，就生活在這四種語言之中。那是什麼光景呢？

在幼兒園裡，華安嘰哩咕嚕地自言自語，大眼睛的蘇珊聽不懂，她想：「嗯，安德烈斯一定是在講中國話，所以我聽不懂，等他媽媽來要問她看看。」

在家裡，安安自言自語發一個音，一個爸爸媽媽從來沒聽過的新音，媽媽聽不懂，與爸爸打探：

「是德語嗎？」

「不是。」爸爸說，接著問：「是國語嗎？」

「不是。」

「那一定是瑞語了！」爸爸媽媽像合唱似地一起說。

安安對父母的困惑毫不理睬，自顧自去捏粘土、做小豬。

蘇珊趁著媽媽來接孩子時問：「歐子是什麼？」

媽媽笑得很開心：「是『猴子』！安德烈斯說的是中文的猴子！」

然後媽媽問蘇珊：「洛伊是什麼？偉婁是什麼？」

蘇珊解釋：「是瑞語的『獅子』、『腳踏車』的意思。」

晚餐桌上，爸爸恍然大悟地說：「啊，眞想不到，同是德語，差別這麼大。我根本沒聽過這種說法呢！」

就這樣，小華安使大家都很忙碌：蘇珊學中文，媽媽學德語，爸爸學瑞語。所有的語言都學會了之後，大人才能完全聽懂華安的話。爸爸略帶安慰地說：「幸好他還聽不懂英語……」

黑人

有一天，在公車上站著一個美麗的黑人，安安興奮地問：「媽媽，誰？」

媽媽說：「黑人，那是一個黑人。」一邊回答，一邊想著，一個從來不曾見過黑人的人，如果懂得「黑」字的意義，而且眼睛能夠辨別顏色，有顏色的觀念，他一旦聽到「黑人」的詞，應該馬上可以體認到黑人的特色，爲黑人下定義——膚色黑者爲黑人。但是身邊這個小腦袋還不知道「黑」的意義，也不知道這世上還有所謂白人、黃人、紅人等等，他怎麼去了解車廂裡這個黑人呢？小腦袋顯然注意到眼前這個人類與爸爸、媽媽都不一樣，但它是否有能力觀察、比較、歸類呢？

回到家裡，媽媽拿起英文的《先鋒論壇》，歎息一聲說：「哎！James Baldwin死

了！」Baldwin是著名的美國黑人作家，照片中的他戴著一頂大草帽，很天眞地笑著，露出白牙。「媽媽！」一聲大叫，把看報的媽媽嚇了一跳，安安正指著Baldwin的照片，很驚喜地說：

「黑人，你看，又一個黑人！」

媽媽再仔細的看看照片：既是黑白照片，連人的膚色都看不出來，這人，兩歲的小人怎麼就知道這是個「黑人」呢？

安安早已忘了黑人，在翻看狗熊與大野狼的圖片，一邊看，一邊加以評論：「好大！咬人！在睡覺！跌倒了……」母親凝望著他美麗的頭型，心裡翻騰著膜拜與感動的情緒：孩子，是天心的驗證，美的極致。究竟是什麼樣的宇宙機緣造就出「人」這個生命來？

媽媽不知道，安安能辨別的還不只黑人而已。家裡來了訪客，若是西方人，安安不假思索脫口而出的就是德語；若是東方人，第一句話就是國語。好像腦子裡有幾個按鈕，見到不同的人就按不同的鈕，絕對不會錯亂。小小的人又怎麼分辨西方人與東方人呢？

臘腸狗

迎面走來一隻臘腸狗，短得不能再短的四肢，撐著圓筒似的長條身體，肚子幾

乎要擦著地面。華安指著狗仰頭問媽媽：「那是什麼?」

媽媽說：「臘腸狗。」

華安含糊念了一下「ㄚ長狗」；滿意了，又仰頭問爸爸：

「Das?」

「Ein Dackel.」爸爸說。

華安點點頭。在他的心目中，這世界上一草一木任何東西都同時有幾個不同的名字；會跑的兩個輪子，媽媽說是「腳踏車」，爸爸稱它「Fahrrad」，幼兒園的蘇珊卻說是「Velo」。華安認為理所當然，所以每一回新的邂逅，要問三遍，然後記住三種答案。

那第四種，英語，爸爸媽媽怕把小傢伙搞糊塗了，向來不教，英語就變成大人之間的祕語。有一天上午，安安敲破了一個生雞蛋，蛋黃流在地板上，正往白色的地毯擴張。肇事者歡呼：「媽媽，Look——」

媽媽看見了，大叫一聲「哎呀」，慌忙去搶救。擦地板正起勁的當兒，突然想到什麼，眼睛尋找華安：「你剛剛說什麼?」

「Look，媽媽！」小人很得意地欣賞媽媽的驚訝，「Look！」

媽媽丟下抹布，沮喪地說：「完了，他開始懂英語了！」

終於嫁給了王子

安安和彎腿的昂弟在搶一輛小卡車，昂弟搶贏了，把東西緊緊抱在懷裡，死命抵抗敵人的攻擊。

媽媽看見安安突然鬆了手，退後一步。她正要安撫他，卻見這兩歲小娃兒端起兩隻小手臂，做出獵人射擊的姿勢，對準昂弟，口裡發出「碰碰」的槍聲，然後滿意地說：「死了！」

媽媽覺得驚心動魄，只有她知道安安「殺人」的靈感來自哪裡。

「大野狼把外婆和小紅帽吞下肚之後，覺得累了，就倒在外婆的床上，呼呼大睡起來。」媽媽和安安依偎在一起看光復書局出版的世界童話書。書頁上的野狼畫得惟妙惟肖，大大的嘴巴露著尖銳的白牙，血紅的長舌。

「獵人來了！」焦急的安安搶在前頭，替媽媽接下去；這故事，他已經聽了許多

遍了，每一個細節他都記得。

「剛好有個獵人經過小屋子，」媽媽繼續說：「聽見屋裡呼呼的聲音，覺得奇怪：怎麼外婆聲音這麼難聽？他湊近一看，看見了大野狼這個壞東西，於是他舉起槍來——」

安安聚精會神地聽著，兩眼盯著書上一管大獵槍——

「碰一聲，獵人開槍把野狼打死了！然後用剪刀把野狼肚子剪開，救出了外婆和小紅帽。」

媽媽講完了故事，心裡覺得不太舒服：野狼也是動物，和小白兔一樣是宇宙的寵物，童話裡卻老是給野狼開膛破肚，不是尾巴給三隻小豬燒焦了，就是肚皮被羊媽媽剪開，放進大石頭，掉到河裡淹死了。媽媽覺得野狼受到不公平的歧視。而且，野狼遭遇的悽慘也使她開始注意到童話裡的殘酷和暴力。

膾炙人口的《白雪公主》在西方的社會已經受到現代父母的排斥，所以媽媽特別用心地讀了一遍，啊，你看！皇后下令殺死白雪公主，部下不肯，皇后便說：

「不肯就砍下你的頭來！」

部下不得已，只好對白雪說：「你逃吧！我會殺死一隻鹿，把牠的心臟冒充是公主的，交給皇后。」

白雪公主沒死，皇后又化妝成老婦人，進了公主的門。「老婆婆一進門，就拿

著絲帶，很快地勒住白雪公主的脖子，越勒越緊。她看見白雪公主躺下去，一動也不動了，才放手逃出森林。」

白雪仍舊沒死，皇后就把毒藥塗在梳子上，然後把毒梳子插進公主的頭髮。

公主仍舊不死，於是皇后用毒蛇的腳、鼴鼠的眼睛、蛤蟆的尾巴，還有蜥蜴的翅膀，做成劇毒，塗在蘋果上，給公主吃下……

媽媽心驚肉跳地讀著白雪公主的故事，短短的情節中，有各形各式殺人的方法：用刀子砍頭，用剪刀剖開胸膛取出心臟，用絲帶套住脖子把人勒死，用毒藥給人吞下……我怎麼能跟兩歲的孩子講這種故事？媽媽拋開書，自言自語起來。在他往後成長的歲月裡，他會見到無數的人間醜惡事，沒有必要從兩歲就開始知道人與人之間的仇恨。人的快樂童年何其匆促，何其珍貴！媽媽邊想，邊抽出《阿里巴巴與四十大盜》。

「強盜看見卡希姆，揮著刀大叫：『大膽的小偷！竟敢跑到這兒來偷東西，看我一刀殺了你。』

「卡希姆還沒來得及吭氣兒，便被砍下了頭。」

阿里巴巴聰慧的女僕發現強盜埋伏在大皮袋裡，她就「找出一袋油，搬進廚房去，用大鍋子把油燒得熱滾滾。再把熱滾滾的油，倒入每一只皮袋裡。一袋、兩

袋、三袋……三十九袋，袋子裡的強盜，連個氣兒也不吭，都給燙死了。

「院子裡三十九只袋子，都裝著強盜們的屍體，阿里巴巴看得又驚又喜。」

媽媽倒抽了一口涼氣，慌忙把《白雪公主》和《阿里巴巴》兩本書移到書架上最高一格，保證華安即使搬來小椅子也勾不到的地方。留在下格的，都是安安心愛的故事：阿依達的花、小豌豆的故事、小錫兵的愛情、三隻小豬等等。光復書局這套書寄到之後，安安連車子都不玩了，每天抱著書，一遍又一遍地翻著，連上廁所都堅持帶著書一塊兒上。

站在高椅上，媽媽把不讓安安看的故事書一一排列，排著排著，她突然笑了出來，心想：我這豈不是和警總一樣嗎？查禁書籍。媽媽一向對警總那類的機構深惡痛絕，現在，她好脾氣地笑笑：警總也沒什麼，只是把人民都當作兩歲小兒看待罷了。

晚上，下班回來的爸爸趴在地上做馬，讓安安騎了幾圈之後，兩眼翻白、口吐泡沫、口齒不清地對媽媽說：

「老天，我撐不住了。你把他騙走吧！」

媽媽剛收拾好碗筷，同情地拍拍爸爸的頭，叫安安：

「到房間去，講故事啦！」

騎馬的小人一骨碌滑下馬背，飛快地往書架奔去。面對著一排花花綠綠的書，背著手沉思一下，然後作了決定，仰臉對媽媽說：「要灰姑娘，還有青蛙王子！」

靠著枕頭坐好，媽媽問他：「你將來想做什麼，安安？」

「嗯——」他在考慮，接著說：「做公主！」

「你是個男孩，安安。」媽媽糾正他，卻被打斷，安安不滿意地說：

「安安是男人！男人！媽媽是女人！」

「好，安安是男人，男人可以做王子，不是公主。你爲什麼要做公主呀？」

「做公主，嗯——」他側著頭想想，說：「跟王子，結婚。」

媽媽講到灰姑娘穿上美麗的玻璃鞋，王子喜出望外，找到了愛慕的人。圖片上畫著灰姑娘半跪在地上，羞怯地讓站著的王子吻她的手，「灰姑娘終於嫁給了王子，快樂幸福地過一生。」

媽媽邊講，邊覺得像吃甜食時突然咬到沙子一樣，非常彆扭。這樣的童話，無非在告訴兩歲的小女生、小男生：女孩子最重大的幸福就是嫁給一個王子，所謂王子，就是一個漂亮的男生，有錢，有國王爸爸，大家都要向他行禮。故事的高潮永遠是——「她終於嫁給了王子！」

狗屁王子！媽媽心裡想著，這是什麼時代了，人人都是王子。或許「現代王子」是商賈巨室的後代，在財富中累積財富，有個富可敵國的爸爸，大家也都要向他敬禮。現代王子甚至也長得漂亮，因爲從小營養充分，生來一嘴亂七八糟的牙也可以請牙醫矯正。但是現代的姑娘可有不嫁王子的權利。即使是灰姑娘，也不需要依靠「嫁給王子」的恩典來取得幸福。嗯，若生個女兒，一定要好好告訴她：這故事是假的……

安安已經睡著了，臉龐貼在書頁上，王子和公主結婚的那一頁。

野心

若冰到歐洲來看老朋友，華安媽媽期待了好久。晚餐桌上，她對華爸爸描述這個明天就要來訪的大學同學：

「她很漂亮，人永遠冷冰冰的。大學時候，我很羨慕她那副孤高不群的樣子，聽著笑話不笑，見到人不嘻嘻哈哈，大家都覺得她很有深度，我學都學不來。」

華爸爸敷衍地說了聲「哦」；他對台灣那種有「深度」的女生一向沒有興趣，他喜歡像鍾楚紅那樣野性的小貓或者三毛那樣有情調的女人。

可是媽媽繼續回憶：「若冰的衣服永遠是最講究的，做了單身貴族之後，更是非名家設計不穿。她討厭狗，和天下所有的小動物。有一次我在學校草坪上看見三四隻胖嘟嘟、毛茸茸的乳狗跟著母狗在曬太陽，歡喜萬分地蹲下去撫摸小狗，若冰

剛好經過，說：好噁心的小狗，軟綿綿的，眞恐怖！她離得遠遠的，怕我碰過乳狗的手會碰到她。」

「媽媽，來，」已經吃過晚飯的華安來扯媽媽的袖子，「來講故事！」

「不行！跟你講過很多次，爸媽吃飯的時候不能陪你玩，等五分鐘。」媽媽口氣有點凶，懊惱兒子打斷了自己的敘述。

華安「哇」一聲大哭起來。這個小孩子聲音特別洪亮，爸爸用手指塞起耳朵，繼續吃飯。媽媽忍受著刺耳的難受，與小紅衛兵格鬥：「華安，你不可以用哭作武器。你再哭媽媽就讓你到角落裡罰站。」

仰天大哭的小臉上只見一張圓圓的大嘴，一滴眼淚滑下嘴角。爸爸放下餐具、推開椅子，彎下身抱起兒子，哭聲一半就煞住，華安改用德語指定爸爸爲他講七隻烏鴉的故事。

媽媽長長嘆一口氣說：「你這樣叫我怎麼教育他？」

父子都沒聽到媽媽的話；兩個人一起在看七隻烏鴉的書，坐在父親懷裡的華安，頰上還小心地懸著一顆眼淚。

若冰來之前，媽媽已經要西班牙阿姨來家裡清掃過，可是媽媽還得花半個小時打點細節。這個阿姨有個改不過來的習慣——她喜歡塡空。譬如說，廚房的切菜台上放了把頭梳（大概是媽媽在浴室梳頭時，發現華安獨自爬上了切菜台，慌慌張張

趕來解救，梳子就順手留在那兒了），阿姨就不會把頭梳拎到浴室裡去放回原位，她會在廚房裡頭就地解決：找到一個洞就把頭梳塞進去，藏好，那麼切菜台上就乾淨了。如果她在客廳茶几上發現了一枝鋼筆，她也不至於把筆帶到書房裡去，她在客廳裡找尋一個洞，找到了，就將筆插進去，那麼茶几也就清爽了。

結果嘛，就是媽媽經常有意外的發現：頭梳放在啤酒杯裡、鋼筆藏在魚缸下面、縮成一球的髒襪子灰撲撲地塞在花瓶裡、鍋鏟插在玩具卡車的肚子裡……。在這些意外的發現之前，當然是焦頭爛額地尋尋覓覓。媽媽現在正在尋找的專案計有：家庭預算簿一本（會不會扁扁地躺在砧板底下呢？）、擦臉的面霜一盒（會不會在冰箱裡呢？）、毛手套一隻（會不會，嗯，會不會在廁所裡呢？），還有其他零碎的小東西，因爲尋找時間過長，媽媽已經記不得了。

西班牙阿姨一星期來三次，每次兩小時，每小時媽媽得付相當於台幣三百五十元。「還好，」媽媽一邊數錢，一邊說給自己聽，「只要她不把馬桶刷子拿來刷碟子；不把筷子藏進排水管裡，就可以了，就可以了。」

可是有潔癖的若冰要來了，媽媽不得不特別小心。她把地毯翻開，看看下面有沒有唱片封套；又趴在地板上覷著書架背牆的角落，果然發現一架救火車。清理之後，媽媽開始清理自己。脫掉黏著麥片的運動衣褲、洗洗帶點牛奶味的頭髮。照鏡子的時候，發現早上華安畫在她臉上的口紅像刺青一樣地橫一道、豎一道。

龍應台／提供

媽媽特意打扮了一下，她不願意讓若冰說她是黃臉婆。最後一次照鏡子，媽媽看見額上的幾根白髮，也看見淡淡脂粉下遮不住的皺紋，她突然恍惚起來，恍惚記得許多年前，另一個母親對鏡梳妝後，嘆了口氣，對倚在身邊十歲的女兒說：「女兒呀，媽媽老嘍，你看，三十六歲就這麼多皺紋！」

那個嬌稚的女兒，此刻望著鏡裡三十六歲的自己，覺得宇宙的秩序正踩著鋼鐵的步伐節節逼進，從開幕逼向落幕，節奏嚴明緊湊，誰也慢不下來。

媽媽輕輕嘆了口氣，門鈴大聲地響起來。

若冰是個獨立的女子，到任何國家都不喜歡讓人到機場接送，「婆婆媽媽的，麻煩！還要道別、還要握手、寒暄，討厭！」她說。

門打開，兩個人對視片刻，若冰脫口說：「你怎麼變這個樣子，黃臉婆?!」媽媽張開手臂，親愛地擁抱一下老朋友，嗅到她身上淡淡的茉莉香水味。

訪客踏進客廳，問著：「兒子呢?」

「你不是討厭小動物嗎?」媽媽說：「送到幼兒園去了。」

華安回來的時候，若冰正在談她的年度計畫。休假一年中，半年的時間用來走遍西歐的美術館及名勝，兩個月的時間遊中國大陸，最好能由莫斯科坐火車經過西伯利亞到北京。剩下的四個月專心寫幾篇比較文學的論文。

孩子將我帶回人類的原始起點。
在漠漠穹蒼和莽莽大地之間，
我正在親身參與那石破天驚的創世紀。

「媽媽，」華安保持距離、略帶戒心地觀望陌生人，「她是誰？」

「這是台北來的冷阿姨，這是華安。來，握握手。」

華安眼睛一眨都不眨地看著冷阿姨，握手的時候。

客人有點侷促，沒有抱抱華安的衝動，也不願意假作慈愛狀去親近孩子。華安已經站在她膝前，玩弄她胸前的首飾。「什麼名字，媽媽？」

「項鍊，那個東西叫項鍊，寶寶。」

「很漂亮！」華安表示欣賞若冰的品味，但也感覺出這個阿姨和一般喜歡摟他、親他的阿姨不太一樣。他很快就自顧自去造船了。

「你的生活怎麼過的？」客人鬆了口氣，整整揉亂了的絲質長褲，優雅地啜了口薄荷茶。

「我呀——」媽媽邊為兒子倒牛奶，邊說，「早上七點多跟著兒子起身，伺候他早點，為他淨身、換尿布、穿衣服，督促他洗臉刷牙。然後整理自己。九點以前送他到幼兒園。十點鐘大概可以開始工作……」

「寫文章？」

「不，先開始閱讀，一大堆報紙、雜誌，看都看不完。截稿期近的時候，從十一點就在書桌上坐到下午四點，中飯都沒有空吃。四點鐘，匆匆趕到幼兒園去接寶寶。四點以後，時間又是他的了。陪他到公園裡玩一小時，回來做個晚飯，服侍他

吃飯、洗澡、講故事，到晚上九點他上床的時候，我差不多也在半癱瘓狀態。」

若冰同情地望著媽媽，說：「我記得在安安出世之前你有很多計畫的……」

「當然，」媽媽的話被華安打斷了，他要她幫忙把救生艇裝到船上——「我每天還在想著那許多想做的事情。我想把最新的西方文學批評理論好好研究一下。譬如德希達的解構主義，理論我知道，但實際上怎麼樣用它來解剖作品、它的優點跟局限在哪裡，我一點也不清楚。我也很想深入了解一下東歐的當代文學，譬如匈牙利與捷克，還有專制貧窮的羅馬尼亞。嗨，你知道嗎？Ionesco的劇本又能在羅馬尼亞演出了，他雖然以法文寫作，其實是個道地的羅馬尼亞人呢——哎呀，我的天——」

華安坐在錄音機前，正在專心一志地把錄音磁帶從匣中抽拉出來，已經拉出來的磁帶亂糟糟纏成一團。

若冰看著媽媽去搶救那些錄音帶，坐立不安地說：「他不會靜靜地坐下來看書嗎？」

媽媽拿了枝鉛筆插進錄音帶，邊捲邊說：「若冰，你看過小猴子靜靜地坐著看書嗎？」

「華安，看《白雪公主》好不好？」媽媽放了錄影帶，知道白雪公主會帶來大約半小時的安靜。

「我還想大量地讀當代大陸作家的小說，從北到南，一本一本讀，然後寫批評，

一本一本批評。

「我還想旅行。和你一樣，到大陸去。我想到西藏待兩個月、陝北待一個月、東北待一個月、上海北京各待　個月。還想到蒙古、內蒙古、外蒙古。還想到法國南部的小鄉村，一村一村地走，一條河一條河地看。

「還想寫一流的採訪報導，以國家爲題目，一國一國地寫。用最活潑的方式深入寫最枯燥的題目，把活生生的人帶到讀者眼前。

「還想製作電視節目——」

「什麼意思？」若冰淡淡地問：「你不是最瞧不起電視嗎？」

「你聽嘛！」媽媽瞄一眼電視，七個小矮人正圍著熟睡的公主指指點點，她繼續說：「我想作一個歐洲系列，每一個國家作一小時的錄影。譬如介紹瑞士的一集，題目可以叫『誰是瑞士人？』把瑞士這個小國的混合語言、種族、文化的奇特現象呈現出來。這不是風光人情的掠影，而是深刻的、挖掘問題的、透視文化社會的紀錄片。當然，每一個片子背後都有作者的個性與角度在內，就像一本書一樣。作完了瑞士作德國——西德與東德；然後每一卷錄影帶就像書一樣地出版、發行……」

媽媽講得眼睛發亮，無限憧憬的樣子，客人冷冷地說：「這樣的東西會有『讀者』嗎？」

「怎麼沒有？若冰，」媽媽興奮得比手畫腳起來，「台灣變成已開發國家，不能

這家書店只賣兩種書：社會主義思想和女性主義。
我的手指在尋找答案，誰能告訴我做「母親」和做「個人」之間怎麼平衡？
我愛極了做母親，只要把孩子的頭放在我胸口，就能使我覺得幸福。
可是我也是個需要極大的內在空間的個人，像一匹野狼，
不能沒有牠空曠的野地和清冷的月光。
女性主義者，如果你不曾體驗過生養的喜悅和痛苦，你究竟能告訴我些什麼呢？

Bernhard Walther／攝影

只靠錢，還要有內涵。台灣人以前只顧自己求生存，現在富足了，就會漸漸的『放眼世界』，不是口號，眞正的開始放眼世界，擴大關懷的範圍，台灣要有自己的世界觀，用中國人的觀點獨立的了解世界——」

「媽媽，」華安扯著媽媽的裙子：「有嘎嘎了。」

「哦——」媽媽蹲下來，嗅嗅寶寶，嗯，氣味很重，她說：「寶寶，你能不能在有嘎嘎之前告訴媽媽，不要等到有嘎嘎之後才說？瑞士的小孩平均在廿七個月的時候，就可以不用尿布，自己上廁所了。你再過幾天就滿廿七個月了，你幫幫忙好不好？」

華安不置可否地讓媽媽牽到浴室裡去了。

回到客廳，媽媽關掉電視，拿出彩筆與畫紙，鋪在地上，讓安安玩顏色，畫畫。

「還有，」媽媽意猶未盡：「我還想做一件事，就是出一系列孩子書。我可以找楚戈——楚戈那個老兒童你認識嗎？挑選台灣十個家庭，各有代表性的家庭，譬如一個茄萣的漁家、一個屛東的農家、一個三義的客家、一個基隆的礦工家、一個蘭嶼的原住民家、一個台東的牧家等等，當然一定得是有幼兒的家庭。我們去拜訪、觀察他們的家居生活，以小孩爲核心，然後楚戈畫、我寫，每一家的生活故事都成一本兒童書，讓台灣的孩子們知道台灣人的生活方式和台灣的環境——你說怎麼

樣？」

「餓了，媽，餓了！」華安不知什麼時候又來到身邊，扯著媽媽的衣袖，「媽媽，餓死了！」小人用力掐著自己突出的肚子，表示餓得嚴重。

若冰突然站起來，彎下身去收拾散了一地的蠟筆。媽媽才發現：啊，什麼時候客廳又變得一塌糊塗了？這個角落裡是橫七豎八的相片本子，那個角落裡一堆垮了的積木；書從書架上散跌在地，椅墊從椅子上拖下來，疊成房子。

媽媽給了華安一個火腿豆腐三明治以後，抬腿跨過玩具、跨過書本、跨過椅墊，跌坐在沙發上，感覺分外的疲倦。若冰在一旁察言觀色，用很溫情的聲音說：

「這種種理想、計畫，做了媽媽以後都不能實現了，對不對？」

媽媽軟軟地躺在沙發上，很沒力氣地：「對！」

「你後悔嗎？」若冰問的時候，臉上有一種透視人生的複雜表情，她是個研究人生的人。

華安悄悄地爬上沙發，整個身體趴在母親身體上，頭靠著母親的胸，舒服、滿足、安靜地感覺母親的心跳與溫軟。

媽媽環手摟抱著華安，下巴輕輕摩著他的頭髮，好一會兒不說話。

然後她說：

「還好！」沉默了一會兒，又說：「有些經驗，是不可言傳的。」

歐嬤

「媽媽，起床啦！」安安用手指撐開媽媽緊閉的眼瞼，像驗屍官撐開死人的眼瞼。

媽媽卻並不像往常一樣地起身。她拉起被子蓋住頭，聲音從被子裡悶傳出來：「去去去！去找歐嬤，要歐嬤給你吃早點。」

華安也想起了，這是歐爸歐嬤的家，興奮地摸索下樓。

媽媽聽見樓下廚房裡蒼老而愉快的聲音：「早安，寶貝！」滿足地擁著被子，再睡，感激婆婆給了她賴床的權利。

睡眼惺忪、蓬頭垢面的媽媽下樓來時，早餐已經擺在桌上：婆婆烘的蛋糕、麵包、奶油，咖啡壺下點著一盞蠟燭保溫。媽媽說了聲「早」，正要坐下，被歐嬤的大

叫嚇了一跳：

「我的天！小姑娘！」婆婆搖頭：「你光著腳下來怎麼可以，會凍死你——」

媽媽把腳縮起來，擱在椅角上，邊倒咖啡邊說：「好了吧！我腳不碰地總可以吧？」

婆婆說：「孩子，頭冷腳暖——」

「頭冷腳暖，」媽媽接著歐嬤的語音用唱地說：「使醫生破產！德國古諺。還是頭暖腳冷？」

老人家無可奈何地直搖頭。歐爸伸進頭來說：「老媽媽，來看看你孫子變把戲！」

歐嬤放下手中的抹布，興匆匆走了出去。

媽媽啜著咖啡，把發黃的照片拿在手裡細看：一個滿頭鬈髮的嬰兒巍巍顫顫地扶著馬車而立，嬰兒有圓鼓鼓的臉頰、胖嘟嘟的小手。那輛馬車，是當年歐爸找鄰居木匠做的，現在站在華安的房間裡，每回華安騎上去，都要對媽媽鄭重地搖搖手：「媽媽，再見！安安上班去了！來甜蜜一下。」

木馬邊的金髮嬰兒，現在正在樓上臥房裡賴床。平常，他必須一大早就起身，八點鐘左右趕到辦公室裡，考慮中東的政治局勢、研究德國的經濟走向、預測明年的投資市場。今天早上他卻賴在床上，安安穩穩的，知道樓下有早餐等著他隨時去

吃。從樓上大概可以聞到咖啡的濃香。畢竟，這是自己媽媽的家。

客廳裡傳來追逐嬉笑的聲音。媽媽把照片藏進口袋裡。婆婆那個本子裡，有華安爸爸從出生到十四歲的成長鏡頭，婆婆不願意將本子送給媳婦，媳婦也明白她的念頭：現在這個男人當然完全地屬於你，做妻子的你；但是他的過去卻屬於我，做母親的我。

「不過，只偷一張沒有關係吧？」媽媽自問，想到記錄了兩年多的「安安的書」，裡面有華安初出母胎、渾身血跡的照片，有父母子三個人兩年多來共度的足印與啼聲。有一天，媽媽大概白髮蒼蒼了，也要對一個年輕的女人說：現在這個男人當然完全屬於你，做妻子的你；但是他的過去卻屬於做母親的我。

或者，媽媽會倒過來說：這個男人的過去屬於做母親的我；現在的他卻完全的屬於你，做妻子的你，去吧！

媽媽的眼睛突然充滿了淚水；她被自己的悲壯感動了，一滴眼淚落在碟子上，晶瑩地立在蛋糕旁邊。蛋糕有好幾層，一層巧克力、一層杏仁，層層相疊上去，像個美麗的藝術品。

這個做蛋糕的、七十五歲的女人，她又流了多少眼淚呢？

媽媽總算暫時忘記了自己的悲壯與自憐，她聽見婆婆做鴨子的「呱呱」聲和華

安樂不可遏的狂笑。十六歲的瑪麗亞，有一雙大眼睛，穿著白色的布裙站在蘋果樹下，五月的蘋果樹開滿了細碎芬芳的蘋果花。瑪麗亞在樹下讀信，風吹來，把白色的蘋果花清清香香地吹到信紙上。

和寫信的人結了婚，生了兩個男孩，男孩在蘋果樹、乳牛、皮革的香味之間追逐成長，德國卻正一步一步地走向毀滅。孩子的父親穿上軍服，背上槍，親一下瑪麗亞，就踏上了征途，那只是一條穿插著青草的石板路。

「這件衣服送給你。」婆婆說。是件透明的薄紗上衣，繡著紅色的花邊。媽媽仔細看著，覺得那薄紗上的圖案異常的美麗。

「當然不是新的，」婆婆撫摸著陳舊的花邊，淡淡地說：「是從蘇聯的戰場上寄來給我的。我放了四十年了。」

媽媽把那件繡花薄紗襯衫小心地放進自己的抽屜，覺得情不自禁地哀傷。這件薄紗，曾經緊緊握在那個德國軍官手裡，在冰天雪地、兇殘險惡的異國戰場上。以粗獷的手溫柔地包紮、熱切地郵寄，寄給曾經在蘋果樹下讀信的瑪麗亞。

這個軍官，死在冰天雪地、兇殘險惡的異國戰場上。他不曾再回到蘋果樹下。

媽媽也不曾穿過婆婆饋贈的薄紗襯衫。她不忍。

瑪麗亞成了寡婦，但是並沒有太多人爲她流淚，因爲，在頹牆斷瓦中，到處都

是寡婦。悲劇太多、浩劫太深，而人的眼淚有限。國都破了，家算什麼？

「顯而易見，是她追求我嘛！」歐爸意興飛揚地說：「那個時候，她是個寡婦，還帶著兩個拖油瓶，不是她死死求我，我怎麼會娶她？」

婆婆在一旁笑著，哄小孩似地說：「當然當然，全村的女人都想嫁給你呢！」

踩著石板路來到蘋果樹下的，是個來自東邊的異鄉人；他大概也是受了大眼睛的誘惑吧？就在樹邊住了下來。異鄉人其實也回不了東邊的故鄉，那東邊的故鄉沒幾年就成了東德，圍牆的那一邊。

「你這麼老了，媽媽，」已經長大的男孩對瑪麗亞說：「生孩子恐怕會生個皺巴巴的醜東西哦！」

孩子還是生了下來。即使是舉目蕭條的戰後，嬰兒的啼聲仍舊令人歡欣振奮。受洗的教堂裡充滿了對未來的祝福與祈禱。當然沒有人提及，這個嬰兒在三十年後將和一個中國女子結合。

「生了老三，老大卻開始叫頭暈、倦怠……」婆婆說：「我們正準備讓他上大學——他是那麼一個聰慧的孩子，對知識有強烈的渴求……」

瑪麗亞在病床邊守了兩年，眼睛看著英姿煥發的兒子逐漸萎縮、一節一節萎縮，先放進輪椅，然後，有一天，放進棺材……

「為什麼小兒痲痹疫苗不早一兩年發現呢？」瑪麗亞問。「我看著孩子在我懷

Bernhard Walther／攝影

我的母親也曾經坐在草地上遠遠地看著我爬行吧？
現在，母親的手背上佈滿了老人斑，
那隻曾經牽過我、撫過我頭髮的手。
生命的來處和去處，我突然明白了，
不透過書本和思考，透過那正在爬的孩子。

裡，一個其實已經是男人的孩子——看著他停止呼吸……」

媽媽吃完早點，洗了碗碟，發現祖孫三個在院子裡踏青。她想，華安爸爸也太不像話了，睡到這個時候。不是要帶華安去游泳嗎？

游泳回來，媽媽把華安哄睡，下樓來找歐嬤。

歐嬤正在燙衣服。媽媽發覺，自己一家三口昨天換下的髒衣服已經全部洗過、烘乾、疊得像豆腐乾一樣，放在一邊。婆婆正在燙的，是媽媽的內褲。

「我的天，母娣，」媽媽著急了，「你你你，我的衣服不要燙好不好？我反正隨便——」

婆婆眼睛都不抬，仔細把內褲的邊扯平，仔細用熨斗燙過，一邊說：「我橫豎要燙衣服，你們的當然一併都燙了嘛！」

媽媽想說：「可是內衣是裡面穿的，誰都看不見，何必燙呢？」但她話到嘴邊又沒開口，她知道婆婆會說：「咦，裡外一致嘛！內衣燙了，穿起來舒服，無害呀！」

媽媽回到自己的客房，發覺本來亂堆在床上的兩床被子，已經折成兩塊豆腐乾，整整齊齊地擺著。她轉身對爸爸說：

「明天出門就把這房間鎖起來，免得母娣又進來整理內務，怎麼樣？」

「不行，」做兒子的橫倒在豆腐乾被褥上，凌空踢掉鞋子，說：「不要她做事，母娣會覺得人生乏味。你知不知道，她明天要去『老人院』裡做義工，去慰問『老人』！我猜想，她恐怕還想唱歌給那些『可憐的老人』聽呢！」

寫給懷孕的女人

鍾敏：

算算你懷孕應該接近七個多月了。台北蟬聲四起的時候，寶寶就要來到。你是歡喜還是焦慮呢？

在華安出生前，安爸爸和我一起去上了六個星期的「拉梅茲生產」課程。台灣療養院——現在改稱台安醫院了——免費教導待產的夫妻如何以意志及呼吸來適應生產的過程。有了六星期的準備，生產那巨大的、撕裂的痛，卻是我不曾想像的。在床上努力地調節呼吸，當痛楚襲上來時，我只能憤憤地想：去他的拉梅茲，意志哪能受得了這樣的巨痛！

所以建平應該陪你進產房的。孩子是兩個人的，生孩子也是兩個人的事情。當醫生和護士在爲眾多的病人跑進跑出的時候，只有丈夫能夠握著你的手，陪你度過

每一場陣痛的凌虐。夫妻的同舟共濟，沒有更好的時候。兩個人先共度苦痛，苦痛之後再共用欣喜。

台療的美國醫生告訴我，有百分之七十的中國男人不願意陪妻子進產房。有的說「生孩子是查某人的事」；有的說「受不了那樣血淋淋的鏡頭」；更多的，是相信「見女人的血不吉利」。

血淋淋的安安是用鉗子夾出來的。和電視劇本不一樣，我並沒有立刻把他抱在胸上，眼裡閃著什麼幸福與慈愛的淚光。下半身經過痲醉，感覺像屍體，身心疲憊在崩潰的邊緣，我對嬰兒連望一眼的興趣都提不起來。醫生把剛剛割了臍帶的小生命，輕輕放在安爸爸巨大的手掌中。

「他赤裸滑溜的身體跟我的手心接觸的一剎那，我就開始愛他了。」華安爸爸說，很驕傲地，「別忘記，我是世界上第一個抱他的人。」

能夠這樣見證宇宙的蘊吐，能夠這樣擁抱鮮活的生命，是多厚的恩澤啊！卻有男人推拒這樣的特權。

還記得我餵奶的那段時候嗎？把你們研究生招到隔壁會客室來上課，你們來之前，我就先餵奶。總是坐在落地窗前，遠看觀音山與淡水河。嬰兒貪心地捧著媽媽飽滿的乳房，吸著吸著，感覺媽媽的溫軟和心跳。我哺華安足足哺了一年，到現在，看見別的母親解衣哺乳，我還忍不住駐足貪看，看那肥肥的小手撫摸著豐滿的

乳房，看那嬰兒滿足恬適的小臉，看那母親低頭的溫柔，啊，我神爲之馳，眞想再來一次。

有一天晚上，席慕蓉請我到中山北路的福樂去吃東西。爲我叫了一大杯奶昔，我舉起杯子就沒有放下，咕嚕咕嚕灌下，杯空爲止。叫來第二杯，仰頭一飲而盡。再叫第三杯……席慕蓉呆呆地瞪著我，說不出話來。我很快樂，覺得自己從頭到腳是一隻在咀嚼的母牛，沒有一寸頭腦，沒有一寸心思，全是身體、全是胃口、全是生理機能——上帝造女人，使她成爲生殖孕育的媒體，我變成造化的一部分，心裡充滿了幸福。

你能不能自己哺乳呢？

然後，有所謂的「坐月子」。許多中國女人，在產後的那一個月裡，要在門窗封閉的屋子裡禁足，禁洗澡、忌洗頭等等。即使你不想這麼做，你的婆婆或母親也會堅持，是不是？

我當然不敢說「坐月子」絕對沒有道理。有些中國醫師也開始用西醫理論來支持「坐月子」的種種，就好像有人用現代物理及建築來支援中國的風水五行理論一樣。但這些理論並不曾說服我；華安出生後兩個星期，我就把他繫在胸前去走觀音山了。有時候，安爸爸把他綁在背上，半個月大的嬰兒趴在寬厚的背上顯得特別小。一路上荷鋤的老農睜大了眼相問：

「啊，外國人背小孩？那個囝仔是眞的還是假的？」

大膽一點的就追上來，摸摸嬰兒的手，然後對夥伴宣佈：「哇，是眞的哩！」

產後沒有幾天，我就開始教課了，記得嗎？淡江大學的女職員，由於有勞基法，是有產假的，女教授，卻不給產假。說起來令人難以置信。學校不成文的做法是，女教授生產的那段時間，必須自己找人代課，同時將薪水讓出。奇怪的是，這種不人道、不合理的做法行之多年，倒也沒有女教授抗議！當我提到「淡大不給女教授產假時」，一位女教授說：

「誰說沒有？你可以在家休息兩個月，只不過要找人代課、不支薪罷了，誰說淡大沒有產假？」

唉，有這樣的女教授，也難怪有這樣不合理的待遇。一個願打，一個愛挨打吧！

婆婆或許會堅持你「坐月子」；想想，在八月天的台北，一個月不洗頭，大概不太好受。但是，媳婦和婆婆之間的分歧，由孩子的出生而滋長的，恐怕還不止於坐不坐月子的問題。媳婦要讓寶寶趴著睡，說是比較有安全感而且頭形美麗；婆婆說：「那怎麼行？孩子會悶死！」媳婦要讓寶寶少穿點衣服，婆婆說：「那怎麼行？孩子會凍壞！」媳婦要這樣，婆婆說那樣；在大部分的中國家庭裡，可能最後總是要聽婆婆的，因爲婆婆地位尊貴，因爲中國男人以做「兒子」爲主，做「丈夫」

爲次，因爲初生的嬰兒屬於整個大家庭，是負傳宗接代大任的長孫，而不單純的屬於生他的女人。

在一個西方的家庭裡就比較簡單。孩子的母親有最大的權利，任何人都得尊重「生母」的權利。我的婆婆很清楚地認知：寶寶首先是我的兒子，其次才是她的孫子。對孩子的教養，她可以從旁幫忙，或是提供過來人的經驗，甚至於表示不同的意見，但她最後一句話永遠是：「當然，決定還是在於你做媽媽的。」

我喜歡這個方式。上一代與下一代的經驗不同、觀念有異，客觀環境也在不斷地變化中。對孩子的教養觀念絕對是差異多於同意的。兩代人同時爭取對孩子的「主權」，衝突就避免不了。那麼這個「主權」究竟應該給做母親的，還是給做奶奶的呢？我相信母親有天賦的權利，任何剝奪母親生、養權利的制度都是不合生物原則的。

鍾敏，我不是要你生了孩子之後去革命。不管怎麼樣，婆婆也是愛孫子的，這個世界，凡有愛的事情都好辦一點，怕的是恨，不是愛。我希望你的寶寶會在愛中出世，在愛中成長。八月，你將有忍不住的欣喜。

華安的媽媽

冬晨。

陽光照進來，把窗格一條一條映在地上。

我們就這樣坐在陽光裡。

Bernhard Walther／攝影

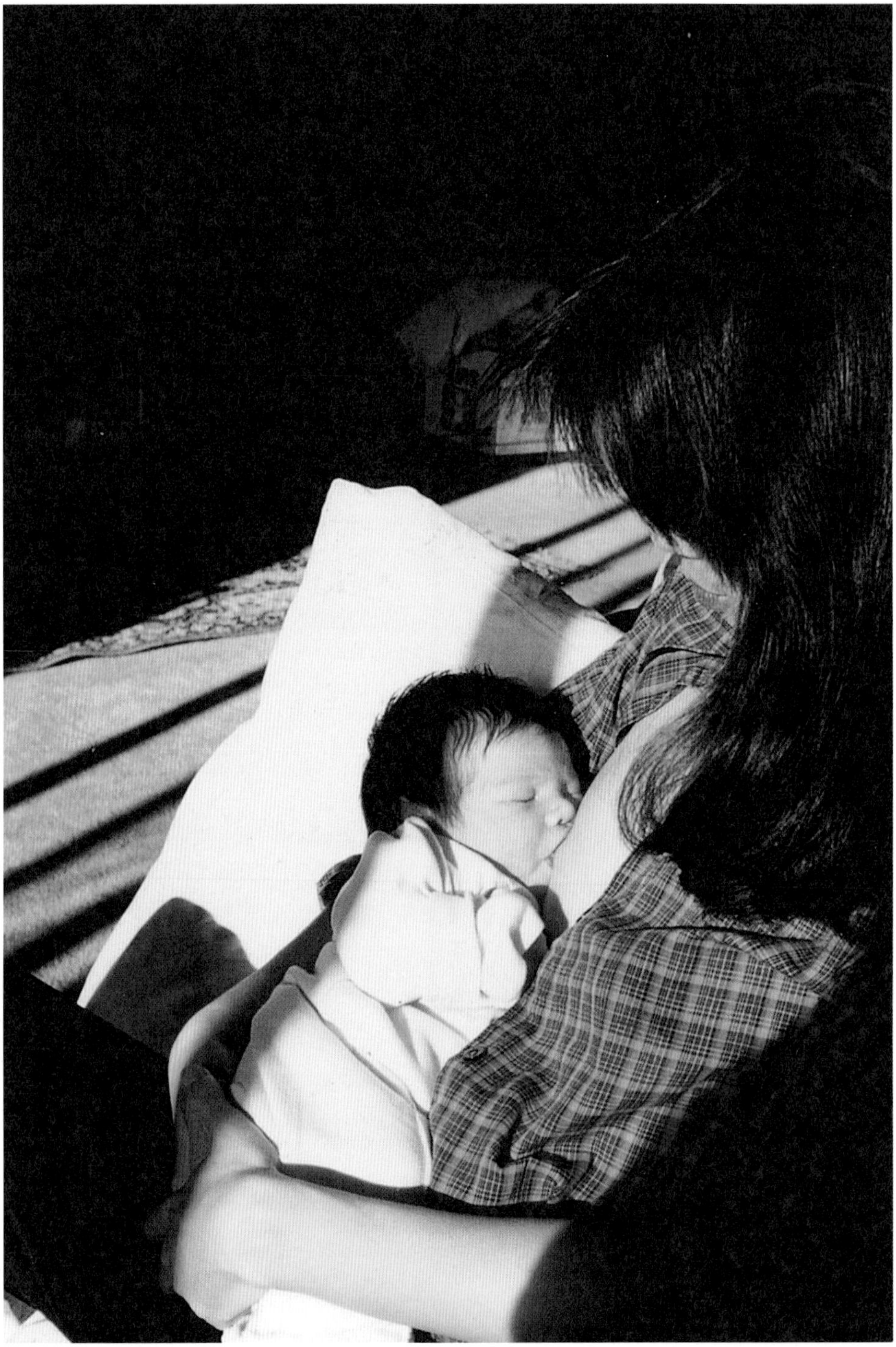

他的名字叫做「人」

久別

媽媽從城裡回來，小男孩掙脫保姆的手，沿著花徑奔跑過來，兩隻手臂張開像迎風的翅膀。

媽媽蹲下來，也張開雙臂。兩個人在怒開的金盞菊畔，擁抱。小男孩吻吻媽媽的頸子、耳朵，直起身來瞧瞧久別的媽媽，又湊近吻媽媽的鼻子、眼睛。

媽媽想起臨別時安安嘔心瀝血的哭喊、淒慘的哀求：

「媽媽——安安也要——進城去——買書——」

臉頰上還有眼淚的痕跡；這一場痛苦的久別畢竟只是前前後後六個小時。

媽媽牽著嫩嫩的小手，走向家門，一邊輕聲問：

「寶貝，媽媽不在的時候，你做了什麼？」

其實不問也知道：吃午餐、玩汽車、與保姆格鬥著不上廁所、到花園裡去採黑草莓、騎三輪車、濕了褲子……。

可是這小孩平靜地回答：

「我想事情。」

媽媽差點噗哧笑出聲來──兩歲半的小孩「想事情」？偷眼看看小男孩那莊重的神色，媽媽不敢輕率，忍住笑，問他：

「你想什麼事情？」

「嗯──」小男孩莊重地回答：「我想，沒有媽媽，怎麼辦。」

媽媽一怔，停了腳步，確定自己不曾聽錯之後，蹲下來，凝視孩子的眼睛。

安安平靜地望著媽媽，好像剛剛說了「媽我口渴」一樣的尋常。

快樂

「為什麼一個男人忙於事業，就沒有人想到要問他：你怎麼照顧家庭？為什麼一個女人忙於事業，人們就認為她背棄了家庭？這是什麼白癡的雙重標準？為什麼你公務繁忙是成功的表現，我公務繁忙就是野心太大、拋棄母職？」

咆哮了一陣之後，媽媽就背對著爸爸，不再理他。

安安拎著根細細的柳枝，從草叢深處冒出來，草比人高。

他看見爸爸在生火，醃好的烤肉擱在野餐桌上。他看見媽媽坐在草地上，陽光透過菩提樹葉，一圈一圈搖搖晃地照著她的背脊。

「媽媽，你在幹什麼？」像個老朋友似地挨過去，和媽媽肩並肩。

「媽媽在——」做母親的遲疑了一下，「在想事情。」

安安握著柳枝，做出釣魚的姿態。

「想什麼事情呀？」

「想——」

媽媽不知道怎麼回答。她不願意敷衍這小小的人兒，因爲她覺得這不及草高的小小人兒是個獨立而莊嚴的生命，她尊重。然而，她又怎麼對兩歲半的人解釋：婚姻，和民主制度一樣，只是人類在諸多制度中權衡利弊不得已的抉擇；婚姻幸福的另一面無可避免的是個人自由意志的削減。她又怎麼對兩歲半的人解釋：這個世界在歌頌母愛、崇敬女性的同時，拒絕給予女人機會去發揮她作爲個人的潛力與欲望？她怎麼對孩子說：媽媽正爲人生的缺陷覺得懊惱？

「你在想什麼，媽媽？」釣魚的小男孩提醒深思的母親。

母親歎了口氣，說：「媽媽不快樂！」伸手去攬那小小的身體。

小夥伴卻站直了身子，摸摸媽媽的臉頰，正經地說：

「媽媽不要不快樂。安安快樂，媽媽快樂。媽媽快樂，爸爸快樂。」

母親像觸了電似地抬起頭來，不可置信地問：「你說什麼？你說什麼？」

「安安很快樂呀。安安快樂，媽媽快樂。媽媽快樂，爸爸快樂。」

媽媽抱著頭坐著，好久不動，像睡著了一樣。她其實在傾聽那草叢後面小溪淙淙的流聲。那不說話、不講理論的小溪。她終於站起來，拍拍身上的泥草，牽起小夥伴的手，往溪邊走去。

「我們去找爸爸，」她說：「他一定在撿柴。」

你的眼睛裡有我

「女媧就撿了很多很多五色石，就是有五種顏色的石頭，又採了大把大把的蘆葦，蘆葦呀？就是一種長得很高的草，長在河邊。我們院子裡不是種著芒草嗎？對，蘆葦跟芒草長得很像。

「女蝸就在石鍋裡頭煮那五色石，用蘆葦燒火。火很燙，五色石就被煮成石漿了。石漿呀？就和稀飯一樣，對，和麥片粥一樣，黏黏糊糊的……」

一個白霧濛濛的下午，母子面對面坐著。華安跨坐在媽媽腿上，手指繞著媽媽的長髮。

「你記不記得女媧爲什麼要補天呢？」

安安沉吟了一下，說：「下雨，共工。」

「對了，水神共工和火神打架，那火神的名字媽媽忘了——」

「祝融啦！媽媽笨。」

「好，祝融，打架的時候把天戳了一個大洞，所以大水就從天上沖下來，把稻田沖壞了——稻田呀？

「草原那邊有麥田對不對？稻田跟麥田很像，可是稻田裡面灌了很多水——不是不是，不是共工灌的，是農夫灌的。那稻田哪，好香，風吹過的時候，像一陣綠色的波浪，推過來淡淡的清香……」

媽媽想起赤腳踩在田埂上那種濕潤柔軟的感覺，想起在月光下俯視稻浪起伏的心情。她曾經在一個不知名的小鎮上、一個不知名的旅店中投宿。清晨，一股冷冽的清香流入窗隙，流入她的眼眉鼻息，她順著香氣醒過來，尋找清香來處，原來是窗外瀰漫無邊的稻田，半睡半醒地籠在白霧裡……

「我講到哪裡了？哦，女媧看到人受苦，心裡很疼，想救他們，所以去補天。可是安安，你記得人是誰做的嗎？」

安安不回答，只是看著母親的眼睛。

「女媧有一天飄到一個湖邊，看見清水中映著自己的影子：長長黑亮的頭髮，潤

黃的皮膚，好看極了。她想，這美麗的地上沒有像她一樣的東西，太可惜了。

「所以嘛，她就坐在湖邊，抓了把黏土，照著湖裡頭自己那個樣子，開始捏起來。

「哎，安安，你怎麼了？你是不是在聽呀？不聽我不講了?!」

安安只是看著母親的眼睛。

「女媧捏出了一個泥娃娃，然後，她對準了泥娃娃的鼻眼，這麼輕輕地、長長地、溫柔地，吹一口氣，那泥娃娃，不得了，就動起來了。跳進女媧懷裡，張開手臂緊緊抱著她的脖子，大叫『媽媽！媽媽！』女媧看見那泥娃娃長得就和湖中自己的影子一模一樣。」

「安安，你到底在看什麼？」

小男孩圓睜著眼，一眨也不眨，伸手就來摸媽媽的眼珠，媽媽閃開了。

「你在幹什麼，寶寶？」

寶寶情急地喊出來，「媽媽，不要動……」一邊用兩隻手指撐開母親的眼瞼。

「你在看什麼？」

「我在看——」安安專注地、深深地，凝視著母親的眼睛，聲音裡透著驚異和喜悅，一個字一個字地宣佈：

「媽媽，你的眼睛，眼珠，你的眼睛裡有我，有安安，真的……」

Bernhard Walther／攝影

腳踏車經過一片花開滿地的平野。
將車往草地上一倒，就坐下來，
蒲公英年年都有，孩子那樣幼小卻只有一次。

說著說著激動起來，伸出手指就要去撫摸媽媽的眼珠——「眞的，媽媽，兩個眼睛裡都有……」

媽媽笑了，她看見孩子眼瞳中映著自己的影像，清晰眞切，像鏡子，像湖裡一泓清水。她對著孩子的眼瞳說：

「女媧歡歡喜喜地給泥娃娃取了個名字，一個很簡單的名字，叫做『人』。」

啊！洋娃娃

安安背著小背包，看著海關人員神氣的帽子，他沒有注意爸爸那依依不捨的眼光。

「小東西，」爸爸蹲下來，大手捧著安安的臉頰，「到了台灣可別把爸爸忘記了。」

小東西一點不被爸爸的溫情主義所動，他用德語說：

「爸比，我以後不要當垃圾工人了；我要做機場員警，好不好？」

爸爸看著母子倆手牽手地走過關卡，眼睛像條透明的繩索，緊緊繫著兩人纖弱的背影。

那背影，一會兒就被人群抹去了。

在飛機上，安安像飛行老手似的，坐下來就把安全帶扣上，動作熟練。可是幾

分鐘以後，他又玩起三歲小孩的遊戲——眼睛湊在椅縫中，和前後左右的旅客玩躲貓貓。德國旅客倒也好脾氣地逗著他玩。

「媽媽，這些德國人都去台灣嗎？」

「不是。有的去巴基斯坦，有的去泰國，還有的去菲律賓。只有一部分去台灣。」

到了卡拉齊，上來了一些巴基斯坦和印度人。安安睜著眼睛，豎著耳朵：

「媽媽，他們是什麼人？講什麼話？」

「巴基斯坦人講烏爾都語（Urdu），印度人講印度話，寶寶。」

寶寶站在椅子上觀察了一下，點點頭下結論：

「他們比較黑，媽媽。」

「對呀，因爲這裡比較熱，太陽把皮膚曬黑了。」

「還有，媽媽，大概那泥土也比較黑。」

「什麼泥土？」做媽媽的聽迷糊了。

「泥土呀！」安安用手比著，作出捏弄的手勢，「女媧在做他們的時候，大概用了比較黑的泥土，對不對？」

停在曼谷，黑髮黑眼的旅客陸續進來。一個泰國小女孩，五歲吧，紮著蝴蝶辮子，挨過來，和華安靜靜地對看。

女孩開口說了什麼，安安困惑地轉頭問：
「媽媽，她講什麼？她不是中國人嗎？」
「不是，她是泰國人，講泰國話。」
「怎麼，」安安眼睛盯著女孩，「怎麼，怎麼跟中國人長一樣呢？」
「很像，不是一樣，寶寶。」媽媽想了一想，又說：
「你看那馬跟驢子不也很像，但馬是馬，驢子是驢子嘛，是不是？」
「嗯！」安安同意了，再提醒媽媽：「還有蒼蠅跟蜜蜂也很像，還有……還有狼跟狼狗很像，還有……鷺鷥跟鶴很像，還有……」
從馬尼拉上機的人特別多。每個人手裡都拎著掛著背著大包小包的東西：牛角、草帽、藤籃、菸酒禮品……。每個人都帶著興奮的神色，大聲地呼喚、交談。機艙頓時像個百貨市場。
「喂，你那瓶XO多少錢？」
「五十美金，你的呢？」
「哇？！我在機場免稅商店買的，五十六塊。上當了，一頭撞死哦我！」
「小姐小姐，這是英文表格，我不會塡怎麼辦？」
「張太太，沒關係，護照拿來我幫你塡。」

「拜託拜託，不要壓到我的牛角……」

安安把頭依在椅背上，圓亮的眼睛一眨都不敢眨，望著蠢動喧嘩的人群，震驚得忘了說話。

回過神來，他輕聲問媽媽：

「媽媽，這麼多人——他們都說中國話。他們，都是中國人嗎？」

媽媽忍不住笑了，她突然了解了小男孩的迷惑和震驚：在安安的世界裡，天下只有一個人是說中國話的，那就是他甜蜜的媽媽。中國話，就是「媽媽的話」。世界上所有其他人——幼稚園的小朋友、賣霜淇淋的大胖子、對街常給他巧克力的考夫曼太太、按門鈴的郵差、禿頭的油漆師傅、一身黑制服掃煙囪的人，當然，還有讓他做馬騎的爸爸——都是，都是說德國話的。

怎麼，怎麼這飛機上突然進來這麼多這麼多人，這些人全講安安「媽媽的話」？

安安吃驚極了，又有點他自己不太理解的喜悅：這些人嘰嘰喳喳的話，他全聽得懂！就好像那個國王，看見兩隻鶴在花園裡散步，他突然發覺自己聽懂了鶴的私語……

「好可愛的洋娃娃！」一個女人尖叫了一聲，其他幾個女人也湊了過來，圍著驚魂未定的小男生。

「What is your name?」

「Where do you come from?」

女人七嘴八舌地和安安說話，用英語。

這一回，安安眞被搞糊塗了，他轉頭問媽媽，聲音裡充滿困惑：

「媽媽，她們爲什麼跟我講英語？」

女人嚇一大跳，又尖叫一聲：

「哇！他會說中文！是中國小孩耶！好厲害哦……」

有人還不死心，堅持用英語問：

「What's your name?」

現在安安鎭定下來了，他說：

「阿姨，我不會講英文，我只會講德語。你會不會？」

桃園有條長長的街，街中間坐著個大廟，廟這邊叫廟前，廟那邊叫廟後。舅媽告訴做客人的媽媽，可以到廟前廟後去買些衣服給安安。安安若有所思地問：

「媽媽，爲什麼龍行叫我媽媽『姑姑』，我叫他媽媽『舅媽』？爲什麼他叫奶奶『奶奶』，我叫奶奶『外婆』？爲什麼叫龍行的爸爸『舅舅』？爲什麼叫楚戈『舅舅』，叫隱地『叔叔』，那昨天那個大肚子的又變成『伯伯』？爲什麼——」

「噓——」媽媽氣急敗壞地打斷安安的質問，努力轉移他的注意：「計程車來了，我們先到廟後去。」

廟後的衣服店可眞多哪，一家接著一家，走道上都擠滿了衣服，安安欣喜地在布堆裡團團轉，忽隱忽現的。

「哎，阿玉啊，趕緊來看，這有一個洋娃娃！」看店的女孩大聲招徠。媽媽一轉身，發現安安已經在重重包圍之中。有人摸他頭髮，有人牽他的手。

「眼睛好漂亮！What's your name?」

媽媽來解圍的時候，女孩子們恍然大悟地說：

「啊！原來是混血兒！」

現在媽媽也在重重包圍中了：

「他爸爸是哪一國人？」

「你們住在哪裡？」

「啊你們怎麼會認識？在哪裡認識的？」

「他爸爸漂不漂亮？幾公分高？」

「爲什麼爸爸沒有來？他在做什麼事？」

「你們結婚多久了？要幾個小孩子？」

「啊怎麼小孩長得都不像你？」

Bernhard Walther／攝影

在安安的世界裡，天下只有一個人是說中國話的，
那就是他甜蜜的媽媽。
中國話，就是「媽媽的話」。

胖胖的老闆娘從裡間出來，女孩子們讓出一個空隙，老闆娘說：

「這是你的囝仔？」

我點點頭。她大聲說：

「那怎麼可能？這囝仔這麼漂亮！」

走出小店，媽媽緊緊拉著安安小手，揮停了計程車。安安不高興地抗議：

「我不要回家。舅媽說還有廟前，我還要去廟前的街呀！你也說要去的！」

「可愛的洋娃娃——」媽媽摟著扭來扭去的小小身體，長長歎了口氣：

「媽媽受不了了！」

尋找幼稚園

五歲的表哥對三歲半的表弟說：

「那輛白色的警車給我！」

表弟不放手，急急地說：

「Nein, Nein, das gehört mir!」

「你已經玩很久了嘛！」表哥不高興了。

「Du hast auch ein Auto.」表弟也不高興了。

媽媽忍不住將報紙放下，仔細聽起表兄弟倆的對白。這又是一個新發現：安安竟然和龍行說德語！

爲什麼？他和外公外婆舅舅舅媽都說國語呀！

這還是他們回到台灣的第一天。觀察了兩天之後，媽媽就恍然大悟了：在德國，安安每天上幼稚園。在他的世界裡，所有的小人兒都是說德語的；德語就是沙坑、秋千、小汽車、吵架的語言。龍行也是個小人兒，這個小人兒卻說不一樣的話，眞是矛盾極了。剛下飛機的安安一下子扭轉不過來。

有一天早上，媽媽一邊幫安安梳頭，一邊說：

「今天帶你去幼稚園看看。」

安安有點緊張：「是不是跟德國的幼稚園一樣？」

「嗯──」做母親的沉吟起來，她已經不記得自己的幼稚園年代了，雖然還記得破碎的兒歌詞「排排坐、吃果果……」今天的孩子還「排排坐」嗎？

手牽著手，媽媽緊張地看著轟隆轟隆川流不息的車輛，找不到空隙過街去。她覺得頭昏心跳，手掌出汗，在路邊支撐了很久，卻看見對面穿制服的一個小蘿蔔頭若無其事地穿梭過街。她終於也過去了。

園長帶媽媽去看小班。媽媽首先注意到房舍的結構是台灣典型的「教室」，正正方方的一個房間，開著正正方方的窗和門。「教室」的佈置也是她在台灣長大過程中所熟悉的：前面掛著黑板，對著黑板的是一列一列整齊的桌椅。此刻，小小教室裡坐著密密麻麻的人。老師站在前面，正在教孩子們認字。

「還是排排坐，四十年都沒有變！」媽媽心裡想著。在德國的幼稚園裡，房間不像「教室」，倒像個家庭起居室。一個角落裡是玩家家酒的地方，放著娃娃的床、衣櫃、玩具廚房、小桌小椅。另一個角落裡疊著厚厚的海綿墊，是聊天和翻滾的地方。右邊的牆角下鋪著一張地毯，玩積木造房子就在這張地毯上。左邊的牆角下有一張矮胖的方桌，四周圍著矮胖的小椅子，剪紙勞作就在這張桌上。其他還有幾落桌椅，散置各處。

清晨七點半，幼稚園開門，零星幾個小把戲就被爸爸或媽媽送來了。來得這麼早，多半因爲爸媽兩人都得上班。陸陸續續的，孩子越來越多。安安通常九點才到，看他起得多遲。到九點半，大概所有的同學都到了，總共有廿個。

到了之後做什麼？潔西卡坐到早餐桌上開始吃媽媽準備好的麵包和乳酪；桌上已經擺著牛奶和果汁。丹尼爾快步衝到積木毯上，開始一天的巨大工程；瑞莎乖巧地挨到克拉太太身邊去，要了把小剪刀，動手做紙燈籠；路易和多莉正在角落裡扮演醫生和護士，多莉懷裡抱著一個生病的娃娃，很心疼的樣子；玩組合玩具的卡爾和湯瑪士正在怒目相視，馬上就要廝打起來；華安正從牆邊玩具櫃裡抽出一盒拼圖，今天早上，就從這個開始吧！

「要來的孩子實在太多，我們校舍來不及建，所以，」園長正在向媽媽解釋，「所以就擠了點。這個小班，現在一個老師帶四十個孩子。」

Bernhard Walther／攝影

飛飛將他的小汽車一輛一輛投進馬桶，
又小心地一輛一輛撈出來。

「我們校車一大早去巡迴接小朋友，到校時間大約是早上八點。」園長指了指停車場上一列排開的娃娃車。

「八點到了之後做什麼呢？」媽媽細細地問。

「八點到九點是自由活動時間，孩子們可以在操場上玩。九點開始上課——」

「上課？上什麼課？」媽媽訝異地問，她看見教室裡三歲大小的孩子，好像坐都坐不穩的樣子。老師聲嘶力竭地在說什麼，娃娃們有的在說話，有的在扭動，有的在發呆。

「我們有認字課、美術、音樂、體育、算術，還有英文……早上三節課，每一節四十五分鐘。」

這豈不是正規小學了嗎？媽媽開始擔心起來：華安從來還沒有經歷過「組織性的團體生活，他不曾排過隊伍，不曾和小朋友動作齊一地對「老師」一鞠躬，不曾照固定位置「排排坐」過，更不曾上過所謂的「課」。在他的幼稚班上，小朋友像蜜蜂一樣，這兒一群、那兒一串，玩厭了積木玩拼圖，玩厭了拼圖玩汽車，房間裡頭鑽來鑽去的小人兒，像蜜蜂在花叢裡忙碌穿梭，沒有一個定點。

團體活動，倒也不是沒有。譬如體育，孩子們學著翻觔斗、跳馬、玩大風吹；譬如唱歌，孩子們圍著彈吉他的老師邊彈邊唱；譬如畫畫，每個小人兒穿著色彩斑斑的兜兜坐在桌邊塗抹。但是這些所謂團體活動，只不過是大家同時做同一件事

情，並不要求規範和齊一。而且，不願意加入的孩子儘可以獨自在一旁做他願意做的事情。

「他甚至還沒有上課和下課這種時間規範的概念——」媽媽似乎有點抱歉地對園長解釋，「在德國的幼稚園裡，孩子們只有一件事，就是玩、玩、玩……」

正說著，老師帶著小班蘿蔔頭魚貫而出。有些孩子們興奮得控制不住，衝出門來，被園長一把逮住：「不可以！操場是濕的，今天不可以出去玩！」

老師趕忙過來，七手八腳地把小逃犯歸隊。走廊下，四十個小人兒手牽著手排成兩列，等著，眼睛羨慕地望著操場那頭正從滑梯上溜下來的華安；他的褲子和襪子早就濕了，媽媽知道。

「小朋友，手拉好，要走了！」老師大聲地發號施令。

「去哪裡呀？」媽媽驚訝著。

「上廁所。」園長說。

「集體上廁所？」媽媽呆呆地問。

「對，」園長耐心地解釋，「孩子人數太多，如果上課的時間裡，一下去這個，一下去那個，沒辦法控制。所以每一個小時由老師全體帶去。上課中途盡量讓小朋友克制。」

「哦！」媽媽心沉下來，這個，安安怎麼做得到；他可是渴了就上廚房拿水喝、

急了就自己上廁所、累了就到角落裡自顧自看書的，他怎麼適應這裡空間、時間、和行為的種種規範？

媽媽沮喪地走出「精英幼稚園」。她眞想讓她的寶貝經驗一下中國的幼稚教育，不只是學習語言，還有潛移默化的文化傳承，都是她想給予華安的，然而那時間、空間、行為的三重規格又使她忐忑不安：這眞是三歲的孩子需要的嗎？

舅媽聽了安媽媽的敘述之後，安慰著說：

「沒關係！在台北也有那種開放式的幼稚園，就和你說的德國幼稚園相似。不過很貴，聽說平均一個月要四千多塊。」

媽媽傻了眼：「三百馬克？」安安的幼稚園也只要一百馬克，而台灣人的平均所得是西德人的二分之一不到，這幼稚園豈不昂貴得離譜？為什麼呢？

舅媽搖搖頭，沒有答案；她還沒告訴媽媽，如果三歲的寶寶要加入兒童英語班、如果要加入天才鋼琴班、如果要加入文豪作家班……她想想，算了算了，讓媽媽和安安好好度假吧！

神話・迷信・信仰

安安踏進了一座廟，他的眼睛一亮。

這是一個充滿了聲、光、色彩、味覺的世界。道士手中的鈴「叮鈴叮鈴」地響著，嘴裡喃喃地唱著說著，和一個渺杳的世界私語。身上的紅袍耀眼似光，和神案前跳躍的燭火彼此呼應。

那香啊，綿綿幽幽地燃著，青色的煙在清脆的鈴聲裡穿梭著繚繞著上升。屋樑垂下金彩華麗的大燈籠，香煙迴繞著燈籠。

在迴廊邊的小廂房裡，一個紅袍黑帽的道士對著床上一套舊衣服作法。那是一件男人的汗衫和短褲，都是白色的。面容憂戚的家屬靠牆站著，看著道士搖鈴，吟唱——他用哭的聲音唱著：

「回來吧！回來吧！回來吧！」

道士拿著一個小碗，往舊衣服上噴水。

安安緊緊牽著媽媽的手，問：「他們在做什麼？」

媽媽不知道怎麼回答。

從另一個小廂房裡，傳來嬰兒的哭聲。

一個腦後束著髮髻的老婦人懷裡抱著嬰兒，嬰兒年輕的母親一臉煩惱地站在一旁。道士手裡拿著鈴，在嬰兒的頭上不停地旋轉、旋轉……

媽媽注意到那老婦人髮髻油亮光滑，綴著一列潤黃色的玉蘭花，注意到那嬰兒在苦熱的七月天裡密密包紮在厚毛毯中，孩子的臉紅通通的，有點腫脹……。

安安仰臉問媽媽：「他們在做什麼？」

媽媽不知道怎麼回答。

安安踏進了一座教堂，他的眼睛一暗。

黑暗像一道鐵做的閘門，一落下來就切開了門裡門外兩個世界。

門外是陽光燦爛的廣場。噴泉的水放肆地沖向天空，又惡作劇地垮下來，噴濺回地上。遊人像鴨子一樣，伸著長長的脖子張望，瞪著好奇的大眼。露天咖啡座上

滿滿是人，大人喝著熱騰騰的咖啡，小孩舔著黏糊糊的霜淇淋。一個披著金髮的女孩閉著眼睛，拉著她的小提琴，大胸脯的鴿子展翅飛來，停在她的琴蓋盒上。小提琴的聲音眞像森林裡的小河……

門裡是幽暗的。

人們屛息噤聲地穿過長廊，通往祭壇，那唯一有光的地方。陽光，穿過色彩斑斕的玻璃，在陰冷的板凳上投下那麼溫暖的光澤。小男孩站在黑暗裡，仰頭看那扇盛著陽光的彩色玻璃，數著顏色。他看了很久很久。

一轉身，他看見牆上掛著一個巨大的東西，黑幢幢的，他揉一下眼睛。

牆上吊著一個人，比眞人還要大很多，木頭做的。沒有穿衣服，只是腰間攔了塊布。兩手大大的張開，頭垂下來。胸膛上全是血，好像還流著。

安安知道這個人是誰。

他緊緊牽著媽媽的手，用顫抖的、微弱的聲音說：

「媽媽，他是眞的還是假的？」

在幽幽的燭光中，媽媽說：

「他本來是眞的人，但這個是木頭做的，是假的。」

「媽媽，」小男孩緊緊挨著，噤聲說：「我們出去好不好？他們爲什麼把他弄得這麼可怕？」

媽媽不知道怎麼回答。

走出黑暗的閘門，陽光劈頭傾瀉下來，把小男孩的頭髮照得晶晶亮亮的。小提琴的樂聲從噴泉那邊裊裊飄來。

爸爸的大手遞給安安一支肥胖蓬鬆的棉花糖，粉紅色的。

媽媽其實是有答案的。

那個往舊衣服上灑水的道士，在「招魂」。漁村的人們，靠在大海的腳邊生活。深邃奧祕的大海給予他們豐盛的生，也給予他們冷酷的死；大海不欠人任何解釋。媽媽曾經在漁村沙灘上看見一條人腿，一條本來可能黝黑結實，現在卻被鹽水泡白泡腫的腿。

誰知道那條腿屬於誰呢？

只是有的丈夫沒有回來，有的兒子沒有回來，回來的只是船。和這些丈夫、兒子有關的人，戚苦著臉，就到廟裡頭去找那黑帽紅袍的使者，懷裡夾著一包丈夫和兒子曾經穿過的、貼身的衣服。

那滿臉通紅的嬰兒，大概已經哭鬧了一天一夜。他的皮膚上也許長滿了一粒一粒的痘子，他的舌頭上也許冒出了一層白膜。或許他什麼也沒有，只是裹身的毛毯太厚太緊，使他喘不過氣來。

Bernhard Walther／攝影

蔣勳曾經形容含笑的花苞像幼兒的小手，
或者他是說，幼兒的小手像含笑的花苞？
我把他的小手端放在我的掌心，
然後親吻那肥肥短短的手指。

可是他的「阿媽」認爲他身上附了鬼氣，受了驚駭。廟裡那個鑲了金牙的道士會幫孩子「收驚」。出門時，她在懷裡攢了一個紅包，不小的紅包，因爲道士在「收驚」之後，還會給她一小包香灰，給孩子泡奶吃下。

那吊在牆上、胸膛流著血的，本來是個「眞」的人。他用他特別溫暖厚實的手撫摸病人的臉；用他堅定誠懇的聲音告訴手握石頭的人們，愛比審判重要；用他身上的血和傷痕告訴軟弱的人，犧牲有時候比生命還要高貴。

後來的人，不曾親眼見過他的人，就用各種材料：木、石、土、塑膠……做成他的形像，架在公路邊，讓開車的人看見；放在山頂上，讓路過的人仰望；吊在黑暗的牆上，讓懺悔的人流淚。

也讓一個三歲的孩子顫抖。

用五色彩石把天上的大洞補起來，將菜園裡的大南瓜一指而變成金光閃閃的馬車，人淹進水裡轉化成一株美麗的水仙花……人們說，這叫神話。

搖著鈴把流浪的靈魂找回來，念一段經把鬼魂鎭住，取一支籤把人的一生說定……人們說，這叫迷信。

馬利亞處女懷孕，基督在水上行走，瞎眼的人張亮了眼睛，墳破而死人復活……人們說，這叫信仰。

神話。迷信。信仰。

媽媽沒有答案，因爲她自己迷惑了。

安安在陽光下舔著粉紅色的棉花糖。

教堂尖頂上飛下一隻鴿子，頸上環著一圈綠光，搖搖擺擺地踱到小男孩腳邊。

男子漢大丈夫

安安陪母親到婦產科醫生那兒去做例行檢查。

褪下裙褲，媽媽坐上診檯，兩腿大大地叉開。醫生戴上了手套，取出工具。

「媽媽，」安安在門邊說：「我也要看。」

石醫師看了媽媽一眼，問著：「你介意嗎？」

媽媽想了一會，說：「不介意。安安，你可以進來，但是不可以碰儀器。」

安安站在醫生身旁，仰頭，從一個新的角度看著媽媽。

「石醫師，你在幹什麼？」

醫生的手指伸進媽媽體內，安安睜大著眼睛。

「我在摸寶寶的頭，看他長得好不好。」

媽媽的肚子圓滾滾的。聽說裡面有個小孩，等著出來和安安玩汽車。

「石醫師，你現在在摸什麼？」

主治大夫很和藹地對安安笑了一下，「子宮呀！子宮就是寶寶在媽媽肚裡的睡袋。你以前也在裡面睡過。」

「石醫師，那是什麼東西？」

「這是一個小燈。你看，媽媽肚子裡黑黑的，我用小燈照一照，就可以看見裡面了。」

媽媽斜躺在那兒，聽著一老一幼的對話，想起安安愛看的一本書——《人體的奧祕》。安安把手指放在圖片上，嘴裡喃喃自語——「吃的東西從這裡進去——這是嘴巴——然後溜下來，這是食道——然後在這裡拌一拌，裡面有酸酸的味道，這是胃……在這裡，哎呀！臭死了，這是大腸，拌一拌，變成大便了！出來了！」

今天，他又上了一堂奧祕人體的實習課。

醫生把一種像漿糊似的黏液塗在媽媽光溜溜的肚子上，然後用個什麼東西磨那漿糊。螢光幕上出現模糊的影子。

醫生在量胎兒頭的尺寸。

「石醫師，您看得出是男是女嗎？」媽媽問。

醫生笑笑，有點奸詐的樣子，說：

「我只看得出是個嬰兒，看得出他沒有兩個頭、六隻腳。至於是男是女——您一定得知道嗎？」

媽媽無所謂地搖搖頭。

「對嘛！」石醫師把超音波關掉，「人對這個世界已經掠取無度，您不覺得保留一點天機、一點對自然的驚訝，比較美好嗎？」

媽媽有點詫異地、仔細端詳著這個名氣很大的德國醫生；他顯然向來不告訴產婦胎兒的性別。石醫師大約有五十歲，一頭鬈曲的黑髮下有一雙特別柔和的眼睛。

「不要忘記吃每天的維他命……」醫生一邊囑咐，一邊記錄檢查結果。

「石醫師，」媽媽突兀地插話，「您爲人墮胎嗎？」

醫生愣了一下，搖頭，「不，絕不。」

「爲什麼？」媽媽有打破砂鍋問到底的習慣。

「我愛生！我只負責把生命迎接到這個世界上來；我不切斷任何生命。」石醫師回答得很乾脆。

「那麼，」媽媽遲疑地問：「我產後，您是否肯爲我結紮呢？」

醫生柔和的眼睛笑著，「如果您絕對堅持的話，我當然會做，但是，親愛的安德烈斯的媽媽，我會花整個下午的時間試圖說服您不要結紮——」

「爲什麼？我只要兩個孩子。生了老二之後，我就三十八歲了，年齡也不小了。

爲什麼不結紮？」媽媽眞的詫異了。她回憶起美國人辦的台安醫院，在懷安安時，護士就例行公事似地問她產後要不要順便結紮。

「因爲，」石醫師好整以暇地說：「結紮是無法挽回的。您想想看，人生無常，萬一孩子出了事，您若想再生，結紮了就不可能了，那多可惜！您可以吃避孕藥，或者裝避孕裝置，當然，最好的辦法，是讓男人結紮，因爲男人結紮，不但手術簡單，而且隨時可以挽回……」

「像您這樣的女性，」石醫師正視著媽媽，「爲什麼不多生幾個？」

媽媽張口結舌，說不出話來——「我我我——我已經三十八歲了——」

「三十八歲算什麼！」醫生很誠懇地說著：「您有能力撫養孩子，您有時間和智慧培養孩子……您這樣的婦女不多生幾個孩子，誰該生呢？」

「唉！」石醫師似笑非笑地繼續說：「你們這些解放了的女性最難纏！」

「您自己有幾個孩子？」媽媽不服氣地問。

醫生笑笑：「五個！」

「哦——」媽媽沒有聲音了。

一個陽光懶懶的下午，媽媽和幾個三姑六婆在艾瑞卡家中喝咖啡。艾瑞卡的兒子已經讀研究所了，週末回家來，像聖誕老公公馱著一大袋髒衣服，丟給媽媽洗。

有寫不出來的專題報告，艾瑞卡就到鄰居家去爲兒子求救——鄰居中反正有的是經濟學博士、心理學博士、醫學博士、文學博士。

「要男人去結紮？」艾瑞卡差點打翻了咖啡，「當年我不能吃藥，因爲我對藥物過敏，然後裝了避孕環，陰道又不斷地發炎，只好哀求我丈夫去結紮——你想他肯嗎？」

三姑六婆全瞪大了眼睛，齊聲問：「不肯？」

艾瑞卡搖搖頭：「他寧可砍頭！」

海蒂也搖搖頭：「我那一位也不肯。」

蘇珊勇敢地下結論：

「男人對自己缺乏信心，他必須依賴『那個』東西來肯定自己。」

三姑六婆喝口咖啡，心有所感地點點頭。

在當天的晚餐桌上，媽媽對爸爸特別殷勤，不但給爸爸準備了白葡萄酒和大蝦，而且禁止安安爬在爸爸肩頭吃飯。

吃過飯，爸爸正要推開椅子起身，被媽媽一把按住，她很嚴肅地說：

「你坐下。我有事情和你商量。」

「什麼事？」爸爸臉色也變了。他一看媽媽表情就知道有什麼災禍要降臨。他坐

Bernhard Walther／攝影

安安和爸爸到醫院把媽媽和初生的弟弟接回家。
媽媽驚訝地看見車庫前一串嬰兒的衣物；
是鄰居掛的，讓那相識的和不相識的過路人都停下來，
說：「啊，又來了個小東西！」他們帶著微笑走開。

下。

媽媽小心地把石醫師的話重述一遍，然後開始早就準備了一下午的說辭：「所以最理想的辦法，是男人去結紮……」

爸爸臉色舒緩過來，說：「好，我去嘛！」

「男人結紮手術非常簡單，幾分鐘就好，又不痛苦——」媽媽繼續背誦。

「好嘛，我去結紮嘛！」

「而且，結紮並不影響男人的能力，你不要有什麼心理障礙，有信心的男人——」

媽媽突然停下來，定定地看著爸爸，「你剛剛說什麼？」

爸爸聳聳肩：「我以爲什麼大不了的事情！我去結紮嘛！怎麼這麼囉嗦。」

他推開椅子，到客廳去找兒子玩。客廳響起父子倆追打的笑聲。

媽媽呆呆地坐在椅子上。

漸行漸遠

一個無聊的下午，安安說，媽媽，講講我小時候的故事吧！

媽媽說，好，你是個嬰兒的時候，吃奶像打仗一樣，小小兩個巴掌，緊緊抓著媽媽的乳房，嘴巴拚命地吸奶，好像整個人懸在乳房上，怕一鬆手就要掉到海裡去了。不到一分鐘，就把奶吸得光光的，再去搶另外一隻奶……

那個時候，你一天到晚黏在媽媽胸上。

後來呢？

後來，你會爬了，媽媽在哪個房間，你就爬到哪個房間，像隻小狗。媽媽一離開你的視線，你就哭。

後來呢？

後來，你會走了，每天就讓媽媽牽著手，走出前門，穿過街，到對面找弗瑞弟

玩。

門鈴響起來，在角落裡玩汽車的華飛一邊衝向門，一邊嚷著：「飛飛開，飛飛開！」

六歲的弗瑞弟站在門口：「安安，趕快來，我媽在院子裡發現了個螞蟻窩……」

「螞蟻？哦？」飛飛圓睜著眼睛。

弗瑞弟和安安已經衝上了街。兩個人都赤著腳。媽媽來不及叫「過街之前要先看左右」，近三歲的飛飛也趕到了馬路邊。媽媽在後頭喊：「停！」

飛飛在路緣緊急煞車。

「有沒有車？」

飛飛頭向左轉，向右轉。

「沒有。」

「跑！」

長著一頭鬈毛的小皮球蹦蹦過了街。

媽媽走進廚房。她今天要烤一個香蕉蛋糕。栗子樹青翠的葉子輕輕刮著玻璃窗，媽媽有點吃驚：這小樹長這麼高了嗎？剛搬來的時候，比窗子還低呢！和煦的陽光透過玻璃，把晃動的葉影映在桌面。三隻香蕉、兩杯麵粉、一個雞蛋……

後來，安安就會自己過街了。這條街是個單行道，車不多，每半個小時有輛大

巴士喘著氣通過。飛飛愛那巴士的聲音。有一次，媽媽在廚房裡讀著報紙，喝著咖啡，耳裡不經意地聽著巴士轟轟的聲音由遠漸近，然後，停了下來，就在廚房外邊。媽媽啜一口咖啡，看一行字，突然跳了起來，轉了幾個彎，衝出門外，果不其然，一歲半的飛飛，個子還沒一隻狗兒的高度，立在街心，擋著大巴士，仰臉咕嚕咕嚕吸著奶瓶，眼睛看著高高坐著的司機。

後來，大概是安安離開幼稚園沒幾天的時候吧，他和弗瑞弟勾肩搭背地出現在媽媽面前：「媽媽，我們可不可以自己去遊戲場？」

媽媽呆住了。那個有沙堆、滑梯的遊戲場離家也只不過四百公尺吧？可是，孩子自己去？種種可怕的佈局浮現在做母親的腦裡：性變態的男人會強姦小男孩、小女孩，會殺人棄屍；亡命之徒會綁架小孩、會撕票；主人沒看好的狗會咬人，把腸子都拖出來；夏天的虎頭蜂會叮人，叮死人……

「媽媽，可不可以？」有點不耐煩了，哥兒倆睨著這個三心二意的女人。

媽媽離開書桌，單腳跪在安安面前，這樣兩個人的眼睛就可以平視了。媽媽握著孩子的手，慢慢地說：

「你知道你只能走後面那條人行步道？」

安安點頭。

「你知道你不可以跟陌生人去任何地方？」

「知道。」聲音脆脆的，「他有糖我也不去。」

「如果，」媽媽說：「如果他說要帶你去看兔子呢？」

小男孩搖頭：「也不去。」

媽媽站起來，摸摸孩子的頭：「好，你們去吧！」

兩個人學著出草的番人，呼嘯著追逐而去。

從此，安安就像一個雲遊四海、天涯飄蕩的水手，一回家就報告他歷險的過程：遊戲場邊有一片大草原，埋在草叢裡全是土撥鼠。草原上一棵不知名的枯樹，枝椏上永遠停滿了烏鴉，在那兒對著天空「嘎嘎」叫著。樹叢裡則有野兔，好大的耳朵，尾巴卻那麼短，身體很胖，有一隻九斤重的貓那麼大。秋千旁邊那棵樹，結滿了綠色的豆豆，豆豆還附著一片像蜻蜓翅膀似的薄薄的筴，你把這豆子往天上一丟，它掉下來，那翅膀就一直轉一直轉，像降落的直升機，也像蝴蝶……

「媽媽，」一大早，安安竟然已經穿戴齊整，立在媽媽床前，「我想去幼稚園。」

媽媽噗哧笑了，「你已經畢業了，還去幼稚園？再過一個月，你要上小學了。」

安安賴著不走，非去不可。

蓬頭垢面的媽媽穿著睡衣，坐在床沿，托著下巴看著兒子，心想：我的天！這傢伙還不懂什麼叫「畢業」！可是，回頭想想，他怎麼會懂呢？

廿分鐘之後，母子兩人來到了幼稚園門口。安安眼睛閃著興奮的光。這個地方，有他喜愛的朋友、他熟悉的玩具、角落、氣味……

推開門，安安站住了。正在嗡嗡攢動的小蘿蔔頭停下手中的活，回頭看立在門口的人。安安伸手抓著母親，有點慌亂地問：

「我的朋友呢？」

沒有一張熟悉的臉龐。

「我的朋友呢？」

他困惑地看著媽媽，一邊縮腳往門外倒退。

「你的朋友，安安，」媽媽把門掩上，「和你一樣，長大了，離開幼稚園了，準備上小學了。」

安安低著頭，用腳尖直蹭地，「他們——不會再來了嗎？」

「不會再來了。幼稚園已經過去……」

小男孩怔怔地站著，哪裡傳來吉他琤琮和孩子們的歌聲。半晌，他掙開母親的手，兩手塞進褲袋，逕自往大門走去。

「媽媽，我們走吧！」

就在這個傷心的暑假，安安發現了地下室的麻布袋。

Bernhard Walther／攝影

我們兩個本來都是天上的小天使，
是上帝特別送給媽媽做女人的禮物。

他們在玩員警抓小偷的遊戲。安安和弗瑞弟是員警，全身披掛，樹枝手槍插在腰間，繩索和鑰匙吊在肩上。弗瑞弟的三歲半的妹妹是小偷，兩隻手被胡亂綁在一塊；兩歲半的飛飛是警犬，正在地上努力地爬，脖子上圈著一條紅絲帶。

小偷要被關起來。當員警打開牢房大門的時候，安安一眼就瞥到了角落裡的麻布袋。

「你們是騙子，媽媽還有爸爸都是！」臉脹得紅紅的，安安氣憤地喊著，「聖誕老公公的鬍子、衣服、帽子、面具……全部在裡面。我全部都看見了看見了！」

媽媽和爸爸先愣了一下，然後相視而笑。他們早就等著這一天的到來，只是眞到來了，卻又稍稍有點慌亂。爸爸擱下手裡的菜刀——這天是週末，是爸爸愛下廚的日子。他坐下來，把兒子擱在膝上，說：

「安德烈斯，聽著，你老爸也是在你這麼大的時候，在奶奶家的閣樓裡發現了聖誕老公公的東西。沒錯，每年耶誕節在我們家花園出現的，不是尼古拉斯他本人，可是，我們並沒有騙你——」

安安倔強地把臉撇開，表示對老爸的解釋不屑一顧。

「——沒有騙你，因爲很久以前尼古拉斯是這麼紅衣紅帽來到人間的，可是因爲時間太久了，他也太老了，不能走這麼遠的路，冒著大雪來，我們做爸媽的就替他做工——你說這叫騙嗎？」

安安漸漸平靜下來。頸子上還繫著紅絲帶的飛飛一蹦一蹦地閃進廚房，嘴裡發出「汪汪汪」的吠聲。安安眼珠子轉動，從爸爸膝上跳下來，邊跑邊說：

「我去把老公公的東西藏起來，不要給弟弟看見！」

那天黃昏，安安和弗瑞弟關在房裡聽音樂、看圖畫書。錄音機放著一支安安非常喜愛的歌……神用祂的手，撫摸著大地，春草深又深……

媽媽聽見安安幽幽的聲音。

「弗瑞弟，你知道嗎？我不相信這世界有神——」

「我想我也不相信——」弗瑞弟嚴肅地回答。

然後是翻書的聲音。兩個男孩都安靜了。

媽媽走過他們的房門。

開學典禮一完，新學童背著花花綠綠的書包，在教室樓前歪歪斜斜鬧烘烘地排成兩行。從幼稚園消失的熟悉的臉孔又出現了。安安和小夥伴克利斯汀緊緊牽著手，興奮地不安地等待著。爸爸媽媽，還有小鬈毛飛飛，立在家長人群中，也等待著。

突然一聲鈴響，像爆炸一樣，空氣被點燃了。老師像隻花花的母雞，在隊伍前

頭張開兩臂作欄杆，一年乙班的廿個孩子，手牽著手，開始向教室大門邁進。

媽媽的眼睛鎖在安安身上，看著他移動，新書包上各形各色的恐龍也跟著移動。這孩子，還這麼瘦，這麼小，那臉上的表情，還留著那吃奶嬰兒的稚氣……安安和恐龍往前走，走著走著，就沒進了暗色的門裡。

安安沒有回頭。

媽媽的眼睛，還兀自盯著那扇看不出有多麼深邃、說不出有多麼遙遠的門，看著看著，看得眼睛都模糊了。

讀水滸的小孩

講完了一百回《西遊記》之後，媽媽開始講水滸。魯智深那胖大和尚愛喝酒、愛吃狗肉，動不動就和人打群架，樂得安安哈哈大笑。

智深睡的時候，鼾聲像打雷，半夜起來，就在那佛殿上大便小便——

安安捏著自己的鼻子，說：「好臭。」可是咯咯笑個不停。

媽媽心中暗想：這書是不是要壞了我的生活教育？暫且說下去：那魯智深哪，喝醉了酒，半夜裡搖搖晃晃回到山廟，山門關了，他用拳頭打門，砰砰砰砰像打鼓一樣。敲了一會兒，扭過身來，看見門邊一個金剛，大罵：

「你這個鳥大漢！不替我開門……」

跳上去就拆，把金剛的手折斷了，拿那斷手去打金剛的腿，打得撲撲撲，泥工和顏色都掉下來了……

安安圓睜著眼睛，聽得入神。媽媽在想：呀，這不是和文革小將破四舊一樣嗎？

等到安安聽見魯智深將兩個潑皮一腳踢到糞坑裡頭時，他笑得趴在床上，直不起身來。

少華山上有三個強人，帶著七百個小嘍囉，打家劫舍——

「什麼是打架、節射？」

打家劫舍呀，就是一家一家去搶東西，強盜嘛！

安安點點頭，媽媽繼續：這三個強盜——嗯——三個好漢呀，一個是神機軍師朱武，很聰明；第二個強盜——呃——好漢呀，是陳達；第三個好漢是用一口大桿刀的楊春。這些好漢住在山寨中，需要錢用的時候，就下山去要買路錢，記得李忠和周通嗎？他們持兵器攔在山路上，喝道：「兀！那客人，會事的留下買路錢！」那客人中有人拿著刀來鬥，一來一往鬥了十幾回合，小嘍囉一齊擁上來，把那些過路的客人殺死大半，劫走了車子財物，好漢們唱著歌慢慢地上山……

安安蹙著眉尖，一動也不動不知在想什麼，媽媽則聲音越來越小。

講到宋江和婆惜的那個晚上，媽媽就有點結結巴巴的緊張。

婆惜說，要我還你這個信不難，有三個條件：第一，你寫張紙，任我改嫁。

媽媽瞥了六歲的小男孩一眼，說，這一條沒什麼不對，就是離婚證書嘛！他們

不再相愛了，所以要分開。

安安點點頭。

第二條，我頭上戴的，我身上穿的，家裡使用的，雖都是你辦的，也寫一紙文書，不許你日後來討。嗯，媽媽好像在自言自語似地說，這條也不過分，財產本來就該夫妻共有，分手的時候一人一半，對不對？

安安點點頭，深表同意：「我跟弟弟也是這樣。」

第三條，梁山泊送你的一百兩金子要送給我——這，就太貪心了，你說呢？

安安做出義憤填膺的表情，「對，好貪心的女人！」

宋江來掀被子，婆惜死不讓，搶來搶去，拽出一把刀子來，宋江就搶在手裡，婆惜見刀就大叫「黑三郎殺人啦！」叫第二聲時，宋江——

媽媽住了嘴，眼睛盯著書本——「左手早按住那婆娘，右手卻早刀落去；那婆娘頸子上只一勒，鮮血飛出，那婦人兀自吼哩。宋江怕她不死，再復一刀，那顆頭伶伶仃仃落在枕頭上……」

「怎麼樣了媽媽？」

哦——嗯——嗯——宋江一生氣就把婆惜給殺了。媽媽說，匆匆掩起書，然後，官府要抓宋江，所以宋江就逃到梁山泊去了。晚安！睡覺了。

「媽媽，宋江也是個好漢嗎？」燈關了之後，黑幽幽裡安安發問。

媽媽將他被角紮好，親了下他額頭，輕聲說；「他不是好漢，好漢不殺人的。睡吧！」

「可是梁山泊上一百零八個都是好漢呀?!」安安不甘心地踢著被子。

「拜託——」媽媽拉長了聲音，「明天再說好不好?」

明天，明天眞是一眨眼就到；媽媽坐在兒子床頭，眼睛盯著新的一段發呆。

「那婦人見頭勢不好，卻待要叫，被武松揪倒來，兩隻腳踏住她兩隻肐膊，扯開胸脯衣裳。說時遲那時快，把尖刀去胸前只一剜，口裡銜著刀，雙手去挖開胸脯，摳出心肝五臟，供養在靈前；喀察一刀便割下那婦人頭來，血流滿地……」

後來，媽媽喝了一口水，說，因爲潘金蓮害死了武大，所以武松爲哥哥報仇，殺死了潘金蓮，也上山做強盜——呃——好漢去了。我們跳到第廿八回好嗎?

武松被關著的時候，有個管營，就是管牢房的啦，天天給他送酒送肉來。後來才知道，原來這個管營在快活林開個酒肉店，利用牢房裡的囚犯當保鏢、打手，過路的人都要先得到他的許可才能去做生意，「那許多去處，每朝每日都有閒錢，月終也有兩三百兩銀子……」

媽媽頓了一下，心想，這不就是地痞流氓黑手黨在索取保護費嗎?

管營的生意壞了，因爲有個傻大個兒，外號叫蔣門神的，功夫比他還好，酒肉店的生意都被他搶去了。所以武松非幫忙不可。

「這就是爲什麼管營每天給武松送酒送肉！」媽媽若有所思地看著安安。

安安帶著期待的興奮，問：「那武松去打了嗎？打了嗎？」

武松就喝了很多酒，醉醺醺地闖到蔣家酒店，把蔣門神的酒店打個稀爛，把蔣門神打個半死……

「不行！」媽媽突然「叭」一聲蓋上書，神情堅決，站了起來，「安安，這武松簡直就是個四肢發達頭腦簡單的地痞流氓，他根本不是英雄，《水滸傳》我們不讀了，換換換！換書！」

安安苦苦哀求，做媽媽的不爲所動，不知道在對誰生氣似地關了燈，走出了房門。

藉口還在找書，媽媽有好幾個晚上沒說書。有一天下午，媽媽坐在二樓書房裡寫什麼東西，耳裡忽有忽無的聽著窗下孩子們嬉鬧的聲音。突然，她停下筆來，孩子們似乎在和過街的老人談話，其中有安安的聲音，不清楚在說些什麼。

過了一會兒，又是孩子們和過街的老人交談的嘰嘰喳喳聲。重複幾回之後，媽媽實在好奇了。她趴在窗上，伸出半個身子往下看。

六歲的安安和對門五歲的弗瑞弟，各人手裡揮舞著用竹竿和破布紮起的旗子，站在人行道的兩邊。一個提著菜籃的老婦人蹣跚而來，兩個小男孩攔在她面前，把旗子交叉，擋著路，安安用清脆的德語說：

Bernhard Walther／攝影

她著迷似地想吻他，
幫他穿小衣服時、餵他吃麥片時、為他洗澡時、牽著他手學走路時，
無時無刻她不在吻著娃娃的頭髮、臉頰、脖子、肩膀、肚子、屁股、腿、腳趾頭……

「嘿！過路的客人，留下買路錢！我們兄弟們需要點盤纏！」

老婦人呵呵笑起來，說：「哎呀！光天化日之下碰到強盜！我沒有錢，可是有巧克力，行不行？求求你們！」

兩條好漢睜著晶亮的眼睛，看著老婦人枯槁的手臂伸進菜籃子裡。

「好，放行！」安安威武地施發口令；兩支旗子撤回，讓出路來。

這條街的一端是個老人院，另一端是個超級市場；安安顯然專找老人下手。

在兩個強盜尚未來得及逮到下一個老人之前，媽媽已經離開了窗口，赤腳飛奔下樓，奪門而出氣急敗壞地，正要破口大罵，安安興高采烈地迎上來，一邊揮舞著旗了，一邊大聲說：

「媽媽媽媽——你看你看，我們打家劫舍了好多巧克力；弗瑞弟也有功勞……」

一隻老鼠

星期天早餐桌上，穿著睡袍的媽媽喝著咖啡，眼睛盯著桌上攤開的報紙。

「得——得——蒙——」

安安擠在媽媽身邊，用手指著報上的字，「得——蒙——斯——斯——」

「你擋著我了，安安！」媽媽試圖把安安推開。

「媽媽，」安安眼睛一刻不曾離開手指按著的那個字，「媽媽，得——蒙——斯——特拉——特拉——熊是什麼？」

「哦！」

「Demonstration，」媽媽說：「是示威遊行。」

「你可以讓我安靜地看報紙嗎？」

「卡——卡——皮——土土土——拉——」安安根本沒聽見，他的手指和眼睛移

到另一塊，「卡皮土拉——拉熊——是什麼？」

「Ka-pi-tu-la-tion，」媽媽說：「是投降的意思。」

「哥——哥——匪——」不等他念完，媽媽已經把報紙抽走，躲到廁所去了。

這是安安最新的遊戲，自今年八月上小學以來。坐在餐桌上，他的眼睛盯著桌上的果汁盒，「歐——潤——精——沙——夫——特——啊，柳丁汁。」結結巴巴的，很正確的，一個音節一個音節的發音。走在馬路上，他看著身軀龐大的公車，「孤——特——摸——根——啊——」他恍然大悟地驚喜：「早安嘛！」家中有客人來訪，他緊迫地盯著客人的胸部，兩眼直直地自語：

「堵——必——是——」

客人轉身，他跟著溜到前頭。「堵——必——是——豆——豆——腐——」哈哈哈哈哈，他笑，笑得在地上打滾，「堵必是豆腐，你是個蠢蛋！堵必是豆腐……」

那種快樂，確實像一個瞎子突然看見了世界，用張開的眼睛。媽媽瞅著在地上像驢子打滾的小男孩，突然想到，或許幼稚園裡不教認字是對的，急什麼呢？童年那麼短，那麼珍貴。現在，廿個孩子從ＡＢＣＤ一塊兒出發，搶先認了字的孩子，大概有兩三個吧，反而坐在教室裡發呆。其他的小夥伴們嘰嘰喳喳興奮地發現字的世界。

Bernhard Walther／攝影

淡水河的水，像絲——多希望那水是乾淨的；
想想看，到了淡水河畔，彎下腰去掬一口水上來喝……。
我們搭渡船到八里看林懷民的《射日》。
這兩個在異國成長的孩子可知道他們的身世和淡水河的關係？
什麼是異國？
母親的異國是他們的故鄉，他們的故鄉是母親的異國。
當年從浙江來台灣生我的母親，台灣是她的異國，卻成為我的故鄉，不是嗎？

《經濟學人》週刊上有個統計數字讓媽媽眼睛亮了一下。一年級學童每個星期要花多少時間在家庭作業上？美國：一點八小時。日本：三點七小時。台灣：八小時。

「我的天！」媽媽暗叫一聲。她開始計算安安寫作業的時間。花花綠綠、四四方方一個大書包，裡頭通常只有一本筆記本和一盒筆。課本都留在學校裡，「背回來太重了，老師說。」每天的作業，是一張紙，上面要寫四行字，用粗粗的蠟筆寫一張，每一個字母都有一個鵝卵石那麼大，也就是說，一整面寫完，如果是寫驢子ESEL這個字，四行總共也不過是十六個字。

安安在三十分鐘之內就可以寫完。如果他在椅子上扭來扭去，踢踢桌子、踢踢椅子，在本子上畫一輛汽車兩隻狗；如果他突然開始玩鉛筆、折飛機、數樹林裡撿來的栗子，如果他開始「走神」的話，時間當然要長一點。但是他眞正花在家庭作業上的時間，每天最多不過三十分鐘，也就是說，每週五天，總共一百五十分鐘，也就是二點五小時，比美國稍微多一點點，但是你得知道，美國孩子一般下午三點才下課，安安可是每天上午十一點半就放學了。

然後就是自己玩的時間。玩，玩，玩。每年回台灣，媽媽得爲安安和飛飛到法蘭克福台灣代表處申請簽證。申請書上總有一欄，問此申請人職業爲何？媽媽規矩地填上「玩玩玩」。申請人訪台目的？「玩玩玩」。如果有一欄問申請人專長，媽媽

想必也會塡上「玩玩玩」。

台灣七歲的孩子要花八個小時寫作業嗎？媽媽有健忘症，已經不記得多少自己的童年往事。唯一印象深刻的，是自己多麼不願意寫作業。爲了作業而說謊是她變壞的第一步。她總是面紅耳赤地低著頭小聲說：「作業忘在家裡了」，卻不知道，同樣的謊言多次就會失效，王友五老師要她當場離開教室回家去取。

她一路哭著走回家，經過一條小橋，橋下一彎小河，游著幾隻乳黃的鴨子。她想是不是自己跳下去淹死就不必寫作業了。回到家，她跪在沙發上，開始祈禱，大概是求上帝把這一天整個抹消，就像老師用粉筆擦把黑板上的字擦掉一樣。她在沙發上哭著睡著，睡到天黑。

十一點半放學，安安走路回家。開始的幾個月，媽媽總是在後面跟著，像偵探一樣，監視他是否在每一個十字路口都停下來看兩邊來車，是否走在人行道的範圍以內……一回到家，就開始做功課。

「昨天的作業得了幾隻老鼠？」

書桌旁有一張爲媽媽放的椅子。

「一隻。」安安打開本子。昨天的字寫得歪歪斜斜的，角落裡蓋著一個藍色的老鼠印章。當然只値得一隻老鼠；你昨天一面寫一面在玩那個唐老鴨橡皮擦對不對？你能不能專心一點？一個時候只做一件事，做完一件事再做另一件，懂不懂？做不

做得到？嗯？把那本漫畫拿開，等一下再看，拜託，你聽見了沒有？我數到三你再不動……

安安終於寫完了四行大字，遞給媽媽。紅紅藍藍的滿是顏色。媽媽瞄了一眼，說：「這最後一行寫得不怎麼好，那個N都超過格子了。」

安安抿著嘴。

「這樣吧！」媽媽繼續，「另外拿張白紙，你就補寫這一行怎麼樣？這樣才會得三隻老鼠。」

安安白淨的臉蛋開始脹紅。

媽媽從抽屜中抽出一張紙，「來，我幫你把線畫好，很簡單嘛，一行就好——」

「為什麼？」安安忍不住了，生氣地注視著母親，從椅子上滑下來，大聲嚷著，「為什麼我要再多寫一行？你總是要我寫得好、寫得漂亮，我只是一個小孩，我沒辦法寫得像你那麼好——」

淚水湧上了他的眼睛，他咆哮著說：「你總要我得兩隻老鼠三隻老鼠、這麼好那麼好，我有時候也要得一隻老鼠——我也有權利要得一隻老鼠，就得一隻老鼠呀……」

媽媽被他情緒的爆發嚇了一跳，坐在那兒半天說不出話來。兩個人都沉默著。

龍應台／攝影

早春，蘋果樹開著淡淡的花，
風一吹就輕飄飄飛起來。
出去走一趟回來，飛飛的車篷上就沾著細細的花瓣。

半晌，媽媽擱下手中的紙，用手背抹了抹安安的眼淚，嘆了口氣，說：

「好吧！就一隻老鼠。你去玩吧！」

安安默默地收拾東西，把書包扣好，走向門口。到了門口，卻又回身來對還發著呆的媽媽說：

「有時候我可以拿三隻老鼠。」他走了出去，「有時候。」

葛格和底笛

1

吃晚飯的時候到了，安安卻不見蹤影。

媽媽扯著喉嚨呼叫了一陣子之後，開始尋找。遊戲間燈還亮著，散著一地的玩具。沙發墊子全被卸了下來，東一塊西一塊地搭成一座城堡。安安在哪裡？剛剛還在城堡底下鑽來鑽去。

三歲的弟弟（念做「底笛」）已經坐在自己的位子上，兩條腿晃著晃著。哥哥（念做「葛格」）吃飯囉！

草地上都結了冰，天也黑了，安安不可能在花園裡。這孩子野到哪裡去了？媽媽漸漸生起氣來。

臥房黑著，媽媽捻亮了燈，赫然發現安安蜷曲在被子裡頭，臉埋在枕頭上，只露出一點腦後的頭髮。

生病了嗎？媽媽坐到床上，掀開被子，把孩子扳過來。

安安一臉的眼淚。枕頭也是濕的。

「怎麼了？」媽媽驚異地問。

不說話。新的淚水又沁沁湧出來。

「到底怎麼了？你說話呀！」

搖搖頭，不說話，一臉倔強。

媽媽就知道了，現在需要的不是語言。她把安安抱起來，摟在懷裡，像摟一個嬰兒一樣。安安的頭靠在媽媽肩上，胸貼著媽媽的胸。安靜著。

過了一會兒，媽媽輕聲說：「現在可以說了嗎？誰對你不起了？」

安安坐直身子，揉揉眼睛，有點不好意思地說：「沒有啦！只是看到你剛剛去抱弟弟那個樣子，你一直在親他，看著他笑……我覺得你比較愛弟弟……」

媽媽斜睇著安安，半笑不笑地說：

「你現在還這麼覺得嗎？」

安安潮濕的眼睛微微笑了，把頭埋在母親頸間，緊緊緊緊地摟著。

媽媽聽說過許多恐怖故事，都跟老二的出生有關：
老大用枕頭悶死老二，老大在背後擰著老二的手臂，
老大把熟睡中的老二推下床去，老大用鉛筆刺老二的屁股，
老大用牙齒咬老二的鼻子……
「你愛我嗎，底笛？」安安問。
「愛呀！」飛飛說，不假思索地。

Bernhard Walther／摄影

2

媽媽不是沒有準備的。

安安近四歲的時候，媽媽的肚子已經大得不像話，好像一個隨時要掉下來的大西瓜。安安把耳朵貼在這個大西瓜上，仔細聽裡頭的聲音；聽說裡頭那個傢伙會游泳，有點兒笨，可是長得還可愛。我們兩個本來都是天上的小天使，是上帝特別送給媽媽做女人的禮物。最重要的是，裡面那個傢伙出來的時候，會給我從天上帶個禮物來。

飛飛從肚子裡頭出來的時候，果真帶來了一個給哥哥的禮物：一輛會翻觔斗的越野跑車。安安覺得，這嬰兒雖然哭聲大得嚇人，可是挺講信用的，還可以忍受。

媽媽聽說過許多恐怖故事，都跟老二的出生有關。老大用枕頭悶死老二；老大在大人背後把老二的手臂擰得一塊青一塊紫；老大把熟睡中的老二從床上推下去；老大用鉛筆刺老二的屁股；老大用牙齒咬老二的鼻子……

媽媽私下希望那從子宮裡帶出來的越野跑車會軟化老大的心，不讓他惡從膽邊生，幹下不可彌補的罪行。從醫院回到家中之後，她就有點提心吊膽的，等著賀客上門。

住對面的艾瑞卡第一個來按鈴。媽媽斜躺在客廳沙發上，正摟著嬰兒餵著奶，

當然是媽媽自己身上的奶。艾瑞卡手裡有兩包禮物，一踩進客廳就問：「老大呢？」

安安從書堆裡抬起頭，看見禮物眼睛一亮。

艾瑞卡半蹲在他面前，遞過禮物，說：

「今天是來看新寶寶的，可是安安是老大，安安更重要。艾瑞卡先給你禮物，然後才去看弟弟，你同意嗎？」

安安愉快地同意了，快手快腳地拆著禮物。艾瑞卡向媽媽那兒走去。

「你怎麼這麼聰明？」媽媽又是感激，又是佩服。

「哎呀——」艾瑞卡把「呀」拖得長長的，一面用手無限溫柔地撫著新生嬰兒柔軟若絲的頭髮，「這可太重要啦！我老二出生的時候啊，老大差點把他給謀殺了，用枕頭壓，屁股還坐在上面呢！用指頭掐，打耳光，用鉛筆尖……無所不用其極哩……」

她壓低了聲音說：「小東西眞眞美極了……」

臨走時，艾瑞卡在大門口又親了親安安，大聲對媽媽喝著：「我覺得還是老大比較漂亮，你說呢？」

然後搖搖手，離去。

此後，媽媽發現，人類分兩種：那做過父母的，而且養過兩個孩子以上的，多半和艾瑞卡一樣，來看嬰兒時，不會忘記多帶一份給老大的禮。那不曾做過父母或

只有獨生兒女的，只帶來一份禮。

他們一進門就問：

「Baby 在哪裡？」

爲他們開門的，只比他們膝蓋高一點點的老大，站在門邊陰影裡。

他們大步走向嬰兒小床，低下頭去發出熱烈的讚賞的聲音：

「看那睫毛，多麼長，多麼濃密！看那頭髮，哇，一生下來就那麼多頭髮，多麼細，多麼柔軟！看看看！看那小手，肥肥短短的可愛死了……」

客人努起嘴唇，發出「嘖嘖」的親嘴聲，不時「哦——耶——啊」做出無限愛憐的各種表情。

老大遠遠地看著。

客人把禮物打開：「你看，淺藍的顏色，最好的質料呢！Baby的皮膚嫩，最配了……」

「來來來，讓我抱抱Baby……」

客人抱起香香軟軟的娃娃，來回踱著，嘴裡開始哼起搖籃曲，眼睛瞇起來，流露出萬分沉醉的柔情蜜意。

老大在遠處的台階上坐下來，手支著下巴，看著這邊。

直到走，客人都沒注意到客廳裡還有另外一個孩子，一個他本來認識的孩子。

Bernhard Walther／攝影

飛飛出世，我開始了解什麼叫命運。
從同一個子宮出來，出來的一刻就是兩個不同個性的人。
安安吸吮時窮兇極「餓」，飛飛卻慢條斯理。
因為是第一個孩子，曾經獨佔父母的愛和整個世界而後又被迫學習分享，
安安的人生態度是緊張的、易怒的、敏感的；
也因為是老大，他是個成熟而有主見的人，帶領著小的。
而飛飛，既然從不曾嘗過獨佔的滋味，
既然一生下來就得和別人分享一切，他遂有個「隨你給我什麼」的好脾氣；
他輕鬆、快樂、四肢發達而頭腦簡單，他沒有老大的包袱。
他因此更輕易得到別人的愛，
別人大量的愛又使他更輕鬆、快樂、隨意、簡單。這就是命運。

晚上，該刷牙了，老大爬上小椅子，面對著洗手台上的鏡子，左看看，右看看，看自己。

「嗯？」媽媽好奇地瞅著。

「媽媽，」老大的眼睛不離開鏡子裡的自己，「媽媽，我的睫毛不長嗎？」他眨眨眼睛。

「長呀！」

「不密嗎？」

「密呀！你怎麼了？」

「媽媽，」他的眼睛有點困惑地盯著自己，「我的頭髮不軟嗎？我的手，媽媽，我的手不可愛嗎？……」

媽媽放下了手中的梳子，把老大擁進懷裡，竟覺得心酸起來。

3

那香香軟軟的娃娃開始長成一個白白胖胖的小鬈毛。一頭鬈髮下面是一雙圓溜溜的大眼睛，睜開來看見世界就笑。媽媽看著他，覺得自己像被一塊大磁鐵吸住了，怎麼也離不開那巨大的魔力。她著迷似地想吻他，幫他穿小衣服時、餵他吃麥片時、爲他洗澡時、牽著他手學走路時，無時無刻她不在吻著娃娃的頭髮、臉頰、

脖子、肩膀、肚子、屁股、腿、腳趾頭……她就這麼不看時間、不看地點、忘了自己是誰地吻著那肥嘟嘟的小鬈毛。

同時，老大變得麻煩起來。

該刷牙的時候，他不刷牙。媽媽先用哄的，然後用勸的，然後開始尖聲喊叫，然後開始威脅「一、二、三」，然後，媽媽把頭梳拿在手上，老大挨打了。他哼哼啊啊地哭著，這才蹬上了小椅子，開始刷牙。

該吃飯的時候，他不吃飯。

「我不吃。」他環抱著手臂，很「酷」地揚起下巴，表示堅決。

「爲什麼？」

「我不餓。」

「不餓也要吃。定時定量還需要解釋嗎？」媽媽開始覺得這六歲的孩子眞是不可理喻，都六歲了！

那兩歲的小鬈毛一旁快樂地吃著麥片，唏哩嘩啦地發出豬食的聲響。他抬起臉，一臉都是黏黏糊糊的麥片，媽媽噗哧笑了出來。

「我不吃。」老大再度宣佈。

媽媽整了整臉色，開始勸，然後開始尖聲斥喝，然後開始威脅「一、二、三」，然後，媽媽把木匙拿在手裡，老大挨打了。他哼哼啊啊地哭著，這才開始低頭吃

飯，眼淚撲簌簌落在飯裡。

媽媽覺得累極了。她氣急敗壞地說：

「從起床、穿衣、刷牙、洗臉、吃飯……每一件事都要我用盡力氣纏三十分鐘你才肯去做——我怎麼受得了啊你？」

她用手扯著前額一撮頭髮：「你看見沒有？媽媽滿頭白髮，都是累出來的，你替我想想好不好？媽媽老死了，你就沒有媽了……」

老大止住了眼淚，只是低著頭。

「哥哥笨蛋！」

那小的突然冒出一句剛學來的話，在這節骨眼用上了。媽媽忍俊不住想笑，看看老大緊繃的臉，只好打住。

「哥哥該打。」

小的覷著媽媽掩藏的笑意，討好地再加上一句，大眼睛閃著狡獪的光。媽媽再也忍不住大笑起來。老大脹紅了臉，推開盤子，憤然站起來，走了出去。

媽媽愣了一下，趕緊跟了過去。

4

「你比較愛弟弟。」

安安斬釘截鐵地說，兩手抄在褲袋裡。

媽媽坐在樓梯的一階，面對著他，一手支著下巴。

「你說說看我怎麼比較愛弟弟？」

「他可以不刷牙，他可以不吃飯，他可以不洗臉……他什麼都可以我什麼都不可以！」

「安安，」媽媽盡量溫柔地說：「他才兩歲；你兩歲的時候也是什麼都可以的。」

老大不可置信地望著媽媽：「我兩歲的時候也那麼壞嗎？」

「更壞。」媽媽把稍微有點鬆動的老大拉過來，讓他坐在自己膝上，「你兩歲的時候，家裡只有你一個小孩，你以為你是國王，天不怕地不怕的。現在弟弟什麼都得和你分，可是你小的時候，爸爸媽媽和全部的世界就屬於你一個人。所以你那時候比現在的弟弟還壞哪！」

「哦——」老大似乎是理解了，又似乎是在緬懷過去那美好的時光。

「媽媽問你，現在新衣服都是買給誰的？」

小鬈毛也早來到一旁，跪在地板上玩汽車，嘴裡不時發出「嘟嘟」的聲音。

「我。」

「對呀！弟弟穿的全是你穿過的舊衣服對不對？」

老大點點頭。他已經沒有氣了，但他享受著坐在媽媽膝上暫時獨佔她的快樂。

「好，每個星期五下午媽媽帶誰去看戲？」

「帶我。」

「好，晚上講《西遊記》、《水滸傳》、侯文詠《頑皮故事》、小野的《綠樹懶人》——是給誰講的？」

「給我。」

「冬天爸爸要帶去阿爾卑斯山滑雪的是誰？」

「我。」

「誰可以用那個天文望遠鏡看月亮？」

「我。」

「安安，」媽媽把兒子扳過來，四目相對，「有些事是六歲的人可以做的，有些是兩歲的人可以做的。對不對？」

「對，」兒子點頭，「可是，我有時候好羨慕弟弟，好想跟他一樣……」

「這麼說——」媽媽認真地想了想，問道：「你要不要也穿紙尿褲呢？」

「啊——」安安驚跳起來，兩隻手指捏著鼻子，覺得很可笑地說：「不要不要不要——」

他傍著小鬈毛趴在地上，手裡推著一輛火柴盒大小的警車，口裡發出「打滴打

滴」的警笛聲，和弟弟的載豬車來來回回配合著。

兩個頭顱並在一起，媽媽注意到，兩人頭髮的顏色竟是一模一樣的。

5

媽媽在花園裡工作。她把鬱金香和水仙的種子埋進地裡，希望春天來時，園子裡會有風信子的香味。鬱金香不香，但那花花綠綠的蓓蕾十分美麗，而且拇指姑娘應該就是從鬱金香的蓓蕾裡長出來的。

穿過廚房，她沒忘記往熱騰騰的烤箱望了一眼，時候還沒到。在洗手的時候，飛飛踱到她身邊來，有事沒事地叫了聲「媽媽」。她「嗯」了一聲，逕自走出洗手間，想想，什麼地方不對，又回過頭來，往下仔細地看了看小鬈毛。

她呆了。

老二身上的套頭毛衣上全是洞，大大小小歪七豎八的洞，剪刀剪出來的洞。燈心絨褲腿被剪成碎條子，像當年嬉皮穿的鬚鬚牛仔褲一樣，一條長一條短。

老二一身破爛不堪的衣服，像個叫化子似地站在那裡。他在那兒微笑著，臉上還剛巧黏著一粒飯。

「你你你——」媽媽倒抽一口涼氣，這才又看見他的襪子也剪了幾個大洞，露出腳趾頭。

老二天使似地微笑著：「哥哥弄的呀！」

媽媽從喉嚨裡發出一種野獸呻吟的聲音，衝上樓去，猛力推開安安的房門；安安正坐在地上組合一艘船。

「安安。」媽媽極兇狠地大聲吼著。

「嗯？」安安揚起臉。

「弟弟身上的衣服是誰剪的？」媽媽龐大的身軀堵在門口，兩手插著腰。

老大欲言又止，瞥了媽媽一眼，把頭低下去，半晌，幽幽地說：

「媽媽，對不起。」

「對不起也沒有用，你暴殄天物——」想想孩子大概聽不懂，媽媽連珠炮般接下去：「你破壞東西呀你人家索馬利亞的孩子餓死了你還會把好好的衣服剪壞而且剪刀傷了人怎麼辦你究竟在打什麼主意你？」

「本來，」安安喏喏地小聲地說：「本來是想試試那把新剪刀有多利……」

「後來呢？」媽媽竟然又想笑了。

「後來……我也不知道哇……不知道怎麼就剪了那麼多洞……我氣他。」聲音小得快聽不見了。

「什麼？」媽媽以爲沒聽清楚。

「我氣他。」

掛著一身破布的老二從媽媽腿後鑽了過來，挨著老大坐下。

「把手伸出來。」媽媽說。

老大很快地把手藏在衣服裡，連聲說：「不要打不要打……」老二伸出兩手環抱著哥哥的頭，把整個身子覆在哥哥身上，大聲叫著：「不要打不要打……」

兩兄弟相依爲命地抱成一團。再抬起頭來時，發現媽媽已經不在那兒了。

一屋子的蛋糕香氣。

高玩

安安和弗瑞弟關在房間裡，安靜了很久。太久了，媽媽就覺得有點不對勁。

敲敲門。

「等一下等一下。」裡頭窸窸窣窣顯然一陣慌亂。

房門終於打開的時候，安安一隻手還扯著褲帶，弗瑞弟則根本把褲子給穿反了。

媽媽看著兩個人尷尬的神色，好奇極了：

「你們在做什麼？」

「沒什麼啦！」安安邊繫皮帶，邊說：「我們只是……」

「？」

「我們只是，」安安頓一下，似乎在思考媽媽是不是個可以說實話的對象，「我

們只是在研究我們的擠急。」

「哦——」媽媽笑了，但不敢大笑，稍微小心地問：「研究結果怎麼樣？」

看見媽媽有興趣，安安興奮起來，一把抓過弗瑞弟，「媽媽，你知道嗎？我的擠急跟別人都不一樣，弗瑞弟，把你褲子脫掉。我的擠急很肥，圓圓的，別人的都是前面細細尖尖的，快點嘛弗瑞弟，讓我媽媽看看你的擠急——」

兩個小男孩七手八腳地把褲子拉扯下來，媽媽不看都不行。一看，果眞安安的擠急又肥又圓，弗瑞弟的又尖又細。

「你知道嗎？媽媽，我跟同學一起比賽尿尿，他們的尿都是一條線，射得長長的，我的就像洗澡的那個那個什麼——？」

「蓮蓬？」

「對，像蓮蓬一樣，我的尿是灑開的。」

「那是因爲你的擠急開過刀，記得嗎？」媽媽彎下腰來幫忙孩子把褲子穿上。

「我知道，以前洞太小，所以醫生把它開大了，現在像蓮蓬一樣。弗瑞弟，你懂嗎？」

媽媽咚咚下樓去。七歲的安安檢查自己和弗瑞弟的擠急，好像還沒見過他研究弗瑞弟的妹妹。小白菜今年四歲，是三歲半的飛飛的女朋友。飛飛倒是觀察敏銳。前幾天，當他和小白菜一塊兒洗澡的時候，他就已經愼重地下過斷語：

Bernhard Walther／攝影

小白菜是飛飛的女朋友。

如果是週末，晚飯後他們就一起刷牙，上床。

他們穿著睡衣，肩並肩躺在被子裡，左右各摟著一個毛茸茸的小熊。

一會兒就睡著了。

「媽媽，小白菜沒有擠急。」

媽媽正坐在馬桶蓋上看書；孩子們在澡缸裡的時候，她總是坐在馬桶蓋上看書。

「媽媽也沒有擠急。」飛飛又說，然後對著澡缸裡的白菜翻譯一次：「Patricia, meine Mami hat auch Kein Penis.」

滿臉泡沫的小白菜點點頭，一副接受批評的樣子。

媽媽想起飛飛在台灣的小表姊嘟嘟。和飛飛只差幾天的嘟嘟在澡缸裡看見了飛飛的擠急，濕漉漉的爬出澡缸，奔向母親，氣急敗壞得話都說不清了：「媽媽，飛飛跟嘟嘟一樣大，爲什麼他的擠急已經長出來了我的還沒有？」

飛飛對生理學的認識，完全來自澡缸。和媽媽一塊兒泡著水，那是更小的時候，他突然盯著媽媽的左胸，「媽媽，這是什麼？」

媽媽說：「這，叫『奶奶』。」

飛飛噗哧笑出聲來，伸手去摸媽媽右胸，說：「那這，叫『爺爺』！」

媽媽正愣在那裡，飛飛已經低著頭探索自己，自言自語地：「飛飛也有奶奶和爺爺，嗯，比較小。」

這個世界，常令兩歲的飛飛覺得意外。譬如有一天，他看見媽媽要沖澡前自身上取下一片衛生棉。

「媽媽，」他邁著肥肥的腿踱過來，好看仔細些，「媽媽，你也用尿布哇？」

「哈哈哈哈——」一旁正穿著衣服的安安大聲笑著，「底笛，那不是尿布，那是月經啦！你看上面有血——」

「有血啊——」飛飛的聲音充滿敬畏，輕輕地，「媽媽你流血啦？」

「沒有啦底笛這個血不痛的！」生理學權威葛格很有耐心地解釋：「媽媽肚子裡有卵，卵就是蛋——」

「就是蛋——」

「卵排出來，就是血——」

「就是血——」

「一個月一次——」

「一次——」

「媽媽！」安安突然想起來什麼似的，隔著唏哩嘩啦的水聲扯著喉嚨說：「男人有沒有蛋呢？」

「沒有——」媽媽在唏哩嘩啦的蓮蓬下喊回去，「男人有精子你不是看過書嗎？精子碰到卵就變成你和底笛——」

「可是我有卵蛋呀！」

「你說什麼聽不見啦！」

「我是說媽媽，」安安走近淋浴的毛玻璃，用喊的，「我也有蛋呀，兩個，在擠急的下面。」

「哦！」關水，開門，「毛巾給我，安安。」

「飛飛給飛飛給！」小的搶著。

「那是睾丸，安安。」

「高玩？」安安想了一下，拾起拖鞋往外走，邊走邊念：「高玩高玩高玩……」

Bernhard Walther／攝影

「媽媽，」他邁著肥肥的腿蹬過來，

「媽媽，你也用尿布嗎？」

「哈哈哈哈——」

一旁正穿著衣服的安安大聲笑著，

「底笛，那不是尿布，那是月經啦！

你看上面有血——」

「有血啊——」飛飛的聲音充滿敬畏，

輕輕地，「媽媽你流血啦？」

放學

安安上小學了。半年之後，媽媽覺得他可以自己走回家，不必再用車接了，畢竟只是十五分鐘、拐三個彎的路程。

十五分鐘過去了，又過了一個十五分鐘。媽媽開始不安。放學四十五分鐘之後，她打電話給米夏兒——米夏兒是錫蘭和德國的混血兒，安安的死黨：

「米夏兒，安安還沒到家，你知道他在哪兒嗎？」

「我們一起離開教室的呀，我到家，他跟克利斯就繼續走啦！」米夏兒聲音嫩嫩的。

媽媽緊接著打下一個電話：

「克利斯，你已經到家了？那安安呢？」

「我們一起走的呀！我到家，他就跟史提方繼續走啦！」

看看鐘，距離放學時刻已經近乎一個小時。媽媽虎著臉撥電話：

「史提方，你也到家了？安安呢？」

「不知道哇！」史提方是個胖孩子，嘴裡模糊不清，好像正嚼著東西，「我到家，他就自己走啦！」

一個小時零十分之後，媽媽拎起汽車鑰匙，正準備出門巡邏，門鈴響了。

安安抬頭，看見母親牛氣的臉孔，驚訝地問：「怎麼啦？」

「怎麼啦？」媽媽簡直氣結，「怎麼啦？還問怎麼啦！你過來給我坐下！」

安安卸下背上的書包，嘟著嘴在媽媽指定的沙發角坐下。他的球鞋一層泥，褲膝上一團灰，指甲裡全是黑的。

「你到哪裡去了？」審問開始。

「沒有呀！」安安睜大眼睛。

「只要十五分鐘的路，你走了一小時零十分，你做了什麼？」

「真的沒有呀！」安安漸漸生氣起來，聲音開始急促，「我跟米夏兒、克利斯、史提方一起走，就這樣一路走回家，哪裡都沒去，什麼都沒做呀?!」他氣憤地站了起來。

媽媽有點氣短；看樣子孩子沒說謊，可是十五分鐘的路怎麼會用掉七十分鐘？

「安安，媽媽只是擔心，怕你被車子撞了，被壞人拐了，你晚到媽媽害怕，懂

嗎？」

點點頭，「我知道，可是我眞的哪裡都沒有去。」

好吧，洗手吃飯吧！

以後的日子裡，媽媽又緊張過好幾次，用電話追蹤來追蹤去，然後安安又一臉無辜地出現在門口。有一次，他回來得特別晚，大概在放學過後一個半小時。媽媽憤怒地把門打開，看見安安一頭大汗，身子歪向一邊，「媽媽幫忙！趕快！」他說。

他的一隻手提著一個很重的東西，重得他直不起身來。媽媽接過來一看，是個斷掉的什麼機器裡頭的螺旋，鐵做的，鏽得一塌糊塗，很沉，起碼有十公斤重。

媽媽呆呆地望著孩子，暫時忘記了生氣：「你你你這是哪來的？」

安安用袖子擦汗，又熱又累兩頰通紅，卻很高興媽媽問了，十分得意地說：「學校旁邊有個工地，從那兒撿來的！」說完捶捶自己的肩。

「你——」媽媽看看地上那塊十公斤重的廢鐵，覺得不可置信，「就這麼一路把它給提回來啦？」

「對呀！」安安蹲下來，費勁地用兩手抱起廢鐵，「就我一個人耶！不過我休息了好幾次。」

說完一腳就要跨進門去，被媽媽擋住，「等一下，你要幹什麼？」

「把它帶進去放好呀!」安安不解。

媽媽搖搖頭,「不行,放到花園松樹下去,不要帶進屋子裡。」

安安興匆匆地往花園跑,勾著小小的身子摟著他那十公斤重的廢鐵。

媽媽決定親眼看看孩子怎麼走那十五分鐘、三個拐彎的路程。

十一點半,鐘敲了。孩子們像滿天麻雀似地衝出來,嘰嘰喳喳吵得像一鍋滾水。孩子往千百個不同的方向奔跑跳躍,坐在長凳上的媽媽好不容易才盯住了安安,還有安安的死黨。

四個小男生在前頭走(都是男生,安安不跟女生玩的),媽媽在後頭跟著,隔著一段距離。經過一截短牆,小男生一個接一個爬上去,驚險地走幾步,跳下來;再爬上去,驚險地走幾步,跳下來……十一點四十五。

經過一個庭院深深的大鐵門,裡頭傳出威武的狼狗叫聲。米夏兒已經轉彎,現在只有三個男生了。三個男生躡手躡腳地走向大鐵門,一接近鐵門,狼狗撲過來,小男生尖叫著撤退,尖叫聲中混著刺激的狂喜。狼狗安靜下來,小男生又開始躡手躡腳地摸向大鐵門……狂喜尖叫地撤退。媽媽看看手腕,十二點整。

克利斯轉彎,這已到了板栗街。安安和史提方突然四肢著地,肩並肩,頭顱依著頭顱的在研究地面上什麼東西。他們跪趴在地上,背上突出著正方形的書包,像烏龜背著硬殼。

地面上有一隻黑色的螞蟻，螞蟻正用牠的細手細腳，試圖將一隻死掉的金頭綠眼蒼蠅拖走。死蒼蠅的體積比螞蟻起碼大上廿倍，螞蟻工作得非常辛苦。

媽媽很辛苦地等著。十二點十五分。

史提方轉彎。再見再見，明天下午我去你家玩。

安安踽踽獨行，背著他花花綠綠的書包，兩隻手插在褲袋裡，嘴裡吹著不成調子的口哨。

差不多了吧！媽媽想，再轉彎就是咱們的麥河街。

安安住腳。他看見了一片美好的遠景：一塊工地。他奔跑過去。

Oh, My God! 媽媽心一沉。工地上亂七八糟，木板、油漆桶、鐵釘、掃把、刷子、塑料……安安用腳踢來翻去，聚精會神地搜索寶藏。他終於看中了什麼：一根約兩公尺長的木條，他握住木條中段，繼續往前走。

十二點廿五。

在離家還有三個門的地方，那是米勒太太的家，安安停下來，停在一株大松樹下，仰頭往上張望。這一回，媽媽知道他在等什麼。松樹上住著兩隻紅毛松鼠，經常在樹幹上來來去去地追逐。有時候，牠們一動也不動的，就貼在那樹幹上，瞪著晶亮的圓眼看來來往往的路人。

現在，兩隻松鼠就這麼定在樹幹上，安安仰首立在矮籬外，他們彼此用晶亮圓

滾的眼睛瞅著對方，安靜得好像可以聽到彼此的心跳。

在距離放學時間一個小時零五分之後，七歲半的安安抵達了家門口。他把一隻兩公尺長的木條擱在地上，騰出手來按了門鈴。

什麼事也沒有發生

1

春天來了你怎麼知道？

媽媽還睡著，朦朧中似乎有幾百個幼稚園的小孩聚在窗外盡情地嘶喊，聒噪極了。睡眼惺忪地瞄瞄鐘，四點半，天還暗著呢！她翻個身，又沉進枕頭裡。在黑暗的覆蓋中，她張開耳朵；在窗外鼓噪的是數不清的鳥，是春天那忍不住的聲音。

於是天亮得越來越早，天黑得越來越晚。在藍得很乾淨、很闊氣的天空裡，常常掠過一隻大鳥。牠通常落腳在屋頂的一角，休息片刻，然後劈啪打著翅膀，又飛起來。當牠翅膀拍打的聲音傳到書房裡，媽媽就擱下手裡的活，把身子探出窗外，睜大眼睛牢牢看著大鳥飛行的體態和線條。

席慕蓉／攝影

大鳥是黑色的，展翅時，卻露出雪白的腹部，黑白相間，劃過藍色的天幕，啊——媽媽發出讚美的歎息，然後注意到，嘿，大鳥嘴裡銜著一枝長長瘦瘦的樹枝，是築巢的季節哩！

「應台，」對門的羅薩先生說：「Elster的巢好像就築在你家松樹上呢！你不把它弄掉嗎？」

「Elster？」媽媽驚喜地說：「那個漂亮的長尾大鳥就是喜鵲？」

「漂亮？」羅薩搖搖他的白頭，對媽媽的無知似乎有點無可奈何，「這鳥最壞了！牠自己不會唱歌，就專找會唱歌的小鳥下毒手。你不知道嗎？牠專門把聲音悅耳的小鳥巢弄壞。喜鵲越多，能唱歌的鳥就越少。」

安安推著單車進來，接口，「媽媽，喜鵲還是小偷呢！」

「怎麼偷？偷什麼？」

小男生把單車支好，抹把汗，「牠呀，譬如說，你把什麼耳環放在陽台上，牠就會把耳環銜走，藏到牠的窩裡去！」

媽媽縱聲笑出來：有這樣的鳥嗎？牠要耳環幹嘛？！

羅薩先生走了，安安說：「我的陽台上有個鳥窩。」

「什麼？」媽媽心裡想，那個陽台上大概由於陽光特別充足，上次發現了三個蜂

「媽媽你知道嗎？我又看到我的baby鳥了。」
「什麼你的鳥？」
「就是在我的陽台上夫出來的小鳥，
我前天在葛瑞家的陽台上又看到了，
只是牠長成大鳥了。」

窩，這回又來了什麼。

「窗子上面有個鳥窩，裡面有三個蛋，白色的。」

母子三人躡手躡腳地摸上了陽台。飛飛臉上的表情告訴你眼前正有重大事件發生，安安有點矜持，不願顯得太驕傲。媽媽爬上凳子，伸長了脖子——雜草和細枝編出了一個圓盆，是個很齊整的鳥窩，可是裡頭眞有東西嗎？

「媽媽我也要看！」飛飛扯著媽媽的裙襬。

「噓——」

媽媽再靠近一點，嚇，觸了電一樣，她的目光碰上了母鳥的目光。稀疏鬆軟的細毛下有一對渾圓黑亮的眼睛，母鳥一動也不動地瞪著驚愕的媽媽。

媽媽有點手足無措，覺得自己太冒昧，像一個粗漢闖進了靜謐的產房。

「媽媽我也要看——」飛飛開始不耐地騷動。

媽媽小心翼翼地抱起飛飛，盡量不發出聲響。

「是媽媽鳥。」飛飛對著媽媽的耳朵輕聲說，一隻手緊緊摟著她的脖子。

三個人偷偷摸摸地離開陽台，關門的時候，安安老氣橫秋地說：

「底笛，我們以後不可以到陽台上玩，會吵牠們，你懂嗎？」

飛飛敬畏地點點頭，「會吵牠們。」

「不知道是什麼鳥——」媽媽下樓時自言自語。

「喜鵲還是杜鵑來搗亂，」安安說：「就糟了。」

「哦？」媽媽說：「杜鵑會怎麼樣？」

杜鵑啼血，多麼美麗哀怨的鳥，多麼詩情畫意的名字。

「杜鵑呀？」安安忿忿地說：「你不知道呀媽媽？杜鵑好壞喲，牠自己懶，不做窩，然後把蛋偷偷下在人家的窩裡，把人家的蛋丟掉！你說壞不壞？」

媽媽瞥了一眼義憤填膺的孩子，心裡笑起來：上了一年級開始認字之後，他的知識來源就不只限於媽媽了。

「還有媽媽，」安安順勢坐到母親膝上，「別的媽媽鳥不知道窩裡的蛋被偷換過了，牠就去坐——」

「孵啦，」媽媽說：「不是『坐』，是孵。」

「夫？牠就去夫，夫出小鳥以後，媽媽你知道嗎？杜鵑的小鳥生下來就壞，牠一出來，就把別的baby鳥——」

安安氣憤地站起來，伸手做推的姿勢，「把別的小鳥推出去，讓牠們跌死！」

「跌死！」飛飛說，神情極嚴肅。

「還有媽媽，你知道嗎？」安安表情柔和下來，「可是現在鳥媽媽都知道了杜鵑的——杜鵑的——什麼？」

「詭計。」

「鬼計，都知道了杜鵑的鬼計，牠們已經小心了。」

「什麼呀！」媽媽瞅著他忍不住笑起來，這是什麼動物進化論！鳥類還會搞聯合陣線嗎？

「眞的媽媽！」安安說。

「眞的媽媽！」飛飛說。

在院子裡種番茄的時候，媽媽下意識地抬頭望望松樹頂，松樹濃綠的針葉上綴滿了麥色的松果，看不見喜鵲的巢。陽光刷亮了松果，像聖誕樹上黃澄澄的金球。

「媽媽，」安安兩手捧著泥土，「我們不把喜鵲的窩弄掉嗎？牠跟杜鵑一樣壞。」

「一樣壞。」飛飛說，低著頭用十個手指扒土。

「不必吧！」

媽媽把番茄和黃瓜的幼苗分開，這一落給安安種，這一落給飛飛種，誰種的誰就要負責澆水，黃昏時候澆水，喏，這是安安的壺，那是飛飛的壺。

「爲什麼呢媽媽？爲什麼不把壞鳥的窩弄掉？」

媽媽邊澆水，邊想，邊說：

「因爲牠們是鳥，我們是人，人說的好壞不一定是鳥的好壞，還是讓鳥自己管自己吧！」

「蚯蚓——媽媽——一隻蚯蚓——」

飛飛大聲喊著。

2

雨，鬆動了泥土，震動了泥土中的蚯蚓。

太陽就從黑雲隙縫中噴射出來，釋放出一道一道一束一束的光。媽媽和孩子們走在草原上一條不及兩公尺寬的小路，遠遠看去，他們的身影彷彿穿梭在光束與光束之間，彷彿在光雨中飄忽。

泥土中的蚯蚓全鑽了出來，散步的人們發現，小路上全是迷失了方向的蚯蚓；牠們離開了泥，輾轉爬上了小路的柏油路面，大概由於不熟悉路面的堅硬，就忘了自己究竟來自哪裡，要往哪裡去；牠們擱淺在小路上，被不知情的自行車輪和腳步軋過。

安安和飛飛手中各持細枝，彎下身來，用細枝小心地將蚯蚓軟軟的身體挑起，然後往路邊用力一抖，蚯蚓就掉到小路邊的草叢裡去了。

一隻、一隻、一隻、又一隻媽媽……孩子的聲音在草原上傳得老遠，特別清

脆。

黑雲消散了之後，小路亮得耀眼。媽媽用手微遮著眼睛。

3

「媽媽媽媽媽媽——」

一群孩子拍打著媽媽書房的門，喊叫的聲音一聲比一聲急迫。

「幹嘛？」媽媽開了一個縫，很兇，「不是說不能吵我有任何事都找可蒂？」

「對不起媽媽，」安安很有教養的卻又一派敢做敢當的氣概，「花園裡有一隻小老鼠——」

「Eine Maus!」弗瑞弟幫著腔。他比安安矮半個頭。

「Eine Kleine Maus!」飛飛的女朋友小白菜認真地說。她比哥哥弗瑞弟矮半個頭。

「一隻老鼠——」飛飛傻傻地笑著。他比四歲半的小白菜矮半個頭。

媽媽手指間還夾著筆，把門又掩了兩吋，不懷好意地問：「老鼠要吃你們嗎？」

「沒有，」安安說：「牠被垃圾桶卡住了，不能動了——好可憐喲！」

「Arme Maus!」弗瑞弟說。

「Arme Maus!」小白菜說。

「好可憐喲！」飛飛說。

「媽媽沒有時間，」門，只剩下一條縫和媽媽的眼睛，「你們找可蒂去解決問題！」

「可蒂會把牠打死，媽媽，上次她就打死了一隻在花園裡——」

……

「媽媽拜託嘛，去救牠嘛！」安安說。

「Bitte bitte……」弗瑞弟說。

「Bitte bitte……」小白菜說。

「去救牠嘛……」飛飛說。

媽媽長長歎了口氣，把門打開。孩子們發出歡呼，爭先恐後地衝向前去帶路。

垃圾桶，其實是個專用來化解有機垃圾的大塑膠桶，裡頭裝的是剩菜殘飯和剪下來的樹枝草葉。桶底圈上有個小洞，大概能塞進兩個大拇指的深淺。一小截肉體在那兒抽動。

媽媽蹲下來，圍繞著她的孩子在身後又害怕、又興奮，屏住呼吸，睜大眼睛。這一小團灰糊糊的、軟趴趴的東西，一時還看不出是一隻老鼠的哪一部分。頭在哪裡？腳在哪裡？究竟從哪裡開始？

媽媽這個女人，不怕任何有骨骼的東西：蜘蛛、蟑螂、老鼠、任何種類和長相

的蟲……她從不尖叫也不暈倒。唯一讓她全身發軟的，是那沒有骨頭的爬蟲類：蛇。見到蛇的畫片，她就蒙起自己的眼睛，說她要昏倒了。見到眞正蠕動的蛇，她就會發出恐怖的歇斯底里的尖叫，然後一頭栽倒，昏死過去。

現在，她冷靜地研究眼前這團東西。她小心地用樹枝把洞旁的腐葉挑開，發現小老鼠的頭深深插進洞裡，埋進了半個身體，卡得很緊。剩下的一截，也就是後腿和細長如鞋帶的尾巴，在空中胡亂地掙扎。但老鼠完全昏了頭，死命往前蹭蹬，越用力當然就越往死洞裡塞進去。

孩子們悄聲討論：牠會不會死？牠怎麼進去的？牠是寶寶老鼠嗎？牠好軟哦……

……

牠實在很軟，軟得讓媽媽覺得頭皮發麻。她先用兩根樹枝想用筷子夾紅燒肉的方法將老鼠活生生夾出來，老鼠卡得太緊，夾不出來。再用點力，勢必要流血。難道，難道，得用手指把牠給拖出來嗎？呃——夠噁心的，那是團毛茸茸、軟綿綿、抽搐著的半截老鼠肉……怎麼辦呢？

老鼠踢著空氣，時不時停止了踢動，顯然力氣不足了。

媽媽以兩隻手指掐住那鞋帶似的尾巴末端，試試看能不能把那傢伙拖出來。尾巴和她手指接觸的剎那，她擋不住那股噁心的痲感「哇」一聲尖叫起來，嚇得四個小朋友往後翻倒，小白菜大哭出聲。

拉尾巴，或是拉腳——呃，那腳上有細細的指爪——結果一定是尾巴、腳斷了，身體還夾在裡面。

媽媽安撫好小白菜，下定了決心。

安安奉命取了張報紙來。媽媽撕下一片，包住老鼠身體，咬著下唇，忍住心裡翻騰上來一陣一陣痳痳的噁心，她用手指握緊了老鼠的身體——一、二、三、拔——孩子們驚叫出聲，往後奔逃，媽媽駭然跳起，老鼠從媽媽手中竄走，所有的動作在閃電的一刻發生……

孩子們定下神來，追到籬笆邊，嘰嘰喳喳七嘴八舌：在哪裡在哪裡？你看你看牠的眼睛好圓好黑……

媽媽站在垃圾桶邊，手裡還拎著皺皺的報紙；她覺得全身起雞皮疙瘩。

4

盛夏，整個北京城響著蟬鳴。穿短褲球鞋的媽媽騎著自行車穿梭大街小巷，到市場買菜、聽北京人捲著舌頭說話、和小販吵架，看起來她在做這個那個事情，其實她心裡的耳朵一直專注地做一件事：聽蟬鳴。那樣驕縱聒噪的蟬鳴，整個城像個上了發條的鬧鐘，響了就停不住。僅只爲了這放肆的蟬鳴，媽媽就可以喜歡這個城市。

媽媽一個人逛市場。買了個烙餅，邊走邊啃，發覺北京的茄子竟然是圓的，蔥粗大得像蒜，番茄長得倒像蘋果，黑糊糊的東西叫炒肝，天哪，竟然是早點；調羹不叫調羹，叫「勺」，理髮師傅拿著剃刀坐在土路邊的板凳上等著客人……

她突然停住腳步。

有一個細細的、幽幽然的聲音，穿過嘈雜的市聲向她縈繞而來。

不是蟬。是什麼呢？她東張西望著。

一個打著瞌睡的鎖匠前，懸著一串串拳頭大小的細竹籠，聲音從那裡放出來。

媽媽湊近瞧瞧，嘿，是蟋蟀——

蟈蟈！

打瞌睡的人睜開眼睛說：蟈蟈，一塊錢一個，餵牠西瓜皮，能活兩個月。

媽媽踏上自行車回家，腰間皮帶上繫著兩個小竹籠，晃來晃去的。

剛從動物園回來的孩子正在說熊貓。「媽媽，」安安說：「有一隻熊貓這樣——」

他把兩隻手托著自己下巴，做出嬌懶的樣子。

「這是什麼東西？」飛飛大叫起來。

「安安，」媽媽解下竹籠，擱在桌上，「你說這是什麼？」

兩兄弟把臉趴在桌面上，好奇地往籠裡端詳。

「嗯——」安安皺著眉，「這不是螳螂！因爲螳螂有很大的前腳，這不是蚱蜢，因爲牠比蚱蜢身體大，這也不是蟬，因爲蟬有透明的翅膀……是蟋蟀嗎媽媽？」

「對，」媽媽微笑著，「北京人叫蟈蟈。」

「叫哥哥？」飛飛歪著頭問。

黃昏出去散步，兄弟倆胸前脖子上都圈著條紅絲線，絲線繫著個小竹籠，竹籠跟著小兄弟的身體晃來晃去。

入夜，小兄弟閉上眼睛，濃密而長的睫毛覆蓋下來，使他們的臉龐甜蜜得像天使。蟈蟈開始叫，在安靜的夜裡，那叫聲盪著一種電磁韻律。小兄弟沉沉地睡著，隔著的媽媽卻聽了一夜的叫哥哥。

早餐後，兄弟倆又晃著竹籠出門。經過一片草坪，三兩個小孩和大人用網子正捕捉什麼。小兄弟停下腳步觀看。

「外國小孩好漂亮！」手裡拿著網子的一個媽媽踱近來，「您是他們的阿姨嗎？」

在北京，「阿姨」就是保姆或者傭人的意思。媽媽笑著回答：「是啊，我是他們的保姆，也是傭人，還是他們的清潔婦、廚娘。」

「來，送給你一隻。」一個大一點的孩子對安安伸出手，手指間捏著一隻碩大的

蜻蜓。

安安卻不去接。這麼肥大的蜻蜓他可沒見過，他猶豫著。

「我要我要——」飛飛叫著。

「不行，」媽媽說：「你會把牠弄死。」她小心地接過蜻蜓，像小時候那樣熟稔地夾住翅膀。

走了一段之後，媽媽說：「你們看夠了嗎？我們把蜻蜓放了好不好？」

好！

放了的蜻蜓跌在地上，大概翅膀痲痹了。掙扎了一會，牠才飛走。孩子的眼睛跟隨著牠的高度轉。

「媽媽，」安安解下胸前的小竹籠，「我要把我的蟈蟈也放了。」

他蹲在路邊，撕開竹籠，把蟈蟈倒出來。蟈蟈噗一聲摔進草叢，一動也不動。安安四肢著地，有點焦急地說：

「走啊！走啊蟈蟈！回家呀！不要再給人抓到了！」

蟈蟈不知是聽懂了，還是受到那熟悉的草味的刺激，牠眞抬起腿來開始邁動，有點艱難，但不一會兒就沒入了草叢深處。

安安如釋重負地直起身來，轉頭對飛飛說：「底笛，把你的也放了吧？牠好可憐！」

Bernhard Walther／攝影

而我，突然覺得人性是極容易判斷的：
世上只有兩種人，好人和壞人；
喜歡孩子的都是好人，
不喜歡孩子的都是壞人。

「不要不要不要——」飛飛趕緊兩手環抱竹籠，拚命似地大喊。

5

回到歐洲已是秋天。蘋果熟得撐不住了，噗突噗突掉到草地上，有些還滾到路面上來。

媽媽把自行車靠著一株樹幹，眼睛尋找著最紅最大的蘋果。滿山遍野都是熟透了紅透了的蘋果，果農一般不在乎那踏青的人摘走一兩顆。媽媽給小兄弟倆和爸爸一人一個蘋果，然後彎身從草地上撿起幾個。

走，去餵馬。

馬，就在前面轉角。有一隻棕色的馬把頭伸出來要吃飛飛手裡的蘋果，飛飛不高興地罵著：

「嘿——這是我的蘋果，你吃你的，地上撿的。」

安安擱下單車，有點膽怯地把一個蘋果遞過去，馬迫不及待地伸出舌頭，「啪啦」一聲就將蘋果捲進嘴裡。咀嚼時，蘋果汁不斷地從馬嘴湧流出來，散發出濃濃的酸香。

回程是上坡，爸爸力氣大，背著飛飛早不見蹤影。媽媽和安安推著車，邊走邊聊天。

「媽媽你知道嗎？我又看到我的baby鳥了。」

「什麼你的鳥？」

「就是在我陽台上夫出來的小鳥，我前天在葛瑞家的陽台上又看到了，只是牠長成大鳥了。」

媽媽很有興味地低頭看著兒子：「你怎麼知道那一隻就是你陽台上的baby鳥呢？」

「知道呀！」安安很篤定地，「牠胸前也是紅色的，而且看我的眼光很熟悉。」

「哦！」媽媽會意地點點頭。

「噓——」安安停住車，悄聲說：「媽媽你看——」

人家草坪上，楓樹下，一隻刺蝟正向他們晃過來。牠走得很慢，頭低著，尋尋覓覓似的。

媽媽目不轉睛地看著那個傢伙，也悄聲說：「牠們通常是晚上出來的，這是我第一次在大白天這麼清楚地看一隻刺蝟……」

「我也是。」

「牠看起來軟軟的，使人想抱——」

「對，可是牠全身是刺——媽媽，」安安突然拉著母親的手，「牠等一下會全身捲成一個有刺的球，因爲我看到那邊有隻貓走過來了……」

媽媽尋找貓的身影，貓竄上了楓樹，刺蝟一聳一聳地鑽進了草叢。

秋天的陽光拉長了樹的影子，什麼事也沒有發生，但是安安和媽媽很愉快地推著車，因爲他們第一次將刺蝟看個夠、看個飽。

觸電的小牛

一個秋天的下午，陽光懶懶地照進窗來，濃濃的花生油似的黃色陽光。所以那麼油黃，是因爲窗外木蘭樹的葉子金黃了，落了一地，好像有人用黃色的毯子將草地蓋了起來。

飛飛剛剛氣虎虎地回來，不跟小白菜玩了，爲什麼？因爲她哭了。她爲什麼哭？因爲我踢她。你爲什麼踢她？她一直叫我做狗狗，她不肯做狗狗，然後我做可愛小貓咪，然後她不肯，我就踢她……

媽媽躺在沙發上看一本名叫《一個台灣老朽作家的五〇年代》的書；百般無聊的飛飛把頭擋在書前，「不給你看，」他說：「跟我玩。」

他爬上沙發，把身體趴在母親身上。

陽光刷亮了他的頭髮，媽媽摟著他，吻他的頭髮、額頭、睫毛、臉頰、鼻子…

⋯飛飛用兩隻短短的手臂勾著媽媽的脖子，突然使力地吻媽媽的唇。

「黏住了！」媽媽說：「分不開了！」

飛飛睜著圓滾滾的眼睛，突然說：

「我們結婚吧！」

媽媽好像被嗆到一樣，又是驚訝又是笑，笑得喘不過氣來。

電話剛好響起來。

「您是華德太太嗎？」

「是的。」

「您認識一個小男孩叫弗瑞弟嗎？」

媽媽的腦袋裡「叮」一聲：出事了。安安和弗瑞弟在半個小時前一起到超級市場後面那個兒童遊樂場去了。

「我是哈樂超市的老闆。弗瑞弟在我們店裡偷了東西，他的家長都不在，您可以來接他嗎？」

媽媽把飛飛交給鄰居，跳上車。安安在哪裡？

媽媽第一次當小偷，也是在八歲那一年。從母親皮包裡拉出一張十元鈔票，然後偷偷藏在衣櫃底下。可是衣櫃上有一面很大的穿衣鏡，坐在客廳裡的父親眼睜睜看著女兒躡手躡腳的每一個動作。

安安在哪裡？他也偷了嗎？偷了什麼？

穿過一排又一排的蔬菜，穿過肉攤、麵包攤，穿過一格一格的雞蛋，在後面一個小小的辦公室裡，媽媽見到了剛上一年級的弗瑞弟。

弗瑞弟馬上哭了起來，拳頭揉著眼淚，抽泣著：

「是安安叫我來偷的——我自己不要偷的——是安安叫我來的……」

幾個大人圍在一旁。超市主人小聲對媽媽說：「他眞怕了，不要嚇到他。」

媽媽蹲下來，把弗瑞弟擁在懷裡片刻，等他稍稍靜下來，才說：

「你別害怕，弗瑞弟，他們不會叫警察的，我們照顧你。我先要知道——」

媽媽扳正小男孩的肩，直直注視著他，「我先要從你嘴裡知道你做了什麼。眞眞實實地告訴我。」

「我進來，拿這些巧克力——」媽媽這才看到桌上一大包糖，「塞在我衣服裡面，就這樣——」

現行犯當場表演他如何縮著脖子、弓著背、抱著肚子走出去。

媽媽想笑，但是忍住了，做出嚴肅的臉孔：「這個伎倆，是安安教你的還是你自己想的？」

「完全是我自己想出來的！」聲音裡透著幾分驕傲，「全是我自己用腦袋想的！」

「這個小孩，」老闆插進來，「上星期我就從鏡子裡注意到，老是彎腰駝背地走出去，我就要我們小姐注意了。剛剛他又出現，第一次被他走掉，這一次我們是等著他來的。」

媽媽和老闆握手，感謝他對孩子的溫和與體諒，並且答應會和弗瑞弟的父母解釋情況。

弗瑞弟緊緊抓著媽媽的手，走出超市的玻璃門。

在小徑上，媽媽停下腳步，彎下身來面對著小男孩：

「弗瑞弟，我現在要問你一個問題，而你對這個問題必須給我百分之百的眞實答案——你答應嗎？否則我就從此以後不再是你的朋友。」

弗瑞弟點點頭，他的臉頰上還有未乾的眼淚。

「我的問題是：是安安要你去偷的嗎？」

「不是，」回答來得很快很急，「不是，全是我自己計畫的，安安是我的朋友，我要講眞話。他沒有叫我去偷。」

「好，」媽媽用手指抹去他的眼淚，「你答應從此以後再也不拿別人的東西嗎？」

他點點頭，「再也不了。」

沒走幾步，就看見安安坐在一根樹幹上，兩隻瘦腿在空中晃呀晃的。他看起來

Bernhard Walther／攝影

原野上有一群乳牛，
成天悠閒自在地吃草，好像整片天空、整片草原都屬於牠們，
一直到有一天，一隻小牛想闖得更遠，
碰到了一條細得幾乎看不見的線——那是界線，
線上充了電，小牛觸了電，嚇了一跳，停下腳來
——原來這世界上有去不得的地方，做不得的事情。

很鎮靜，那種山雨欲來風滿樓的鎮靜。

當媽媽和安安獨處的時候，安安終於憋不住了：「媽媽，我沒有偷。我沒做錯事。」

媽媽在花生油顏色的客廳裡坐下，安安在她面前立正。

「我不要聽一句謊話，你懂嗎？」

點頭。

「他去之前，你知不知道他要去偷？」

點頭。

「他偷了糖之後，是不是和你分吃了那糖？」

點頭。

「他以前偷，你都知道嗎？」

點頭。

「每次都和你分？」

「我們是好朋友。」

「你有沒有叫他去偷？」

「沒有。」很大聲。

媽媽抬眼深深地注視這個八歲的小孩。原野上有一群乳牛，成天悠閒自在地吃

草，好像整片天空、整片草原都屬於牠們，一直到有一天，一隻小牛想闖得更遠，碰到了一條細得幾乎看不見的線——那是界線，線上充了電，小牛觸了電，嚇了一跳，停下腳來——原來這世界上有去不得的地方，做不得的事情。

「你知道什麼叫共犯嗎？」媽媽問。

「不知道。」

「共犯，」媽媽說：「就是和人家一起做壞事的人。譬如拿刀讓人去殺人，譬如讓別人去偷，然後和他一起享受偷來的東西……你的錯和弗瑞弟幾乎一樣重，你知道嗎？」

安安在思考，說：「他多重？我多重？」

「他六分重，你四分重。夠重嗎？」

點頭。

「我也得處罰你。同意嗎？」

點頭，眼瞼垂下去。

母子兩人在書桌旁。「寫好了交給我，我去接飛飛回來。」

那天晚上，爸爸和媽媽一起坐在燈下看一篇寫得歪歪斜斜的日記：

「今天很倒沒。弗瑞弟去哈樂抄市被代到了。他媽媽不給他糖，所以他去偷。我心裡很南受，因爲我也吃了偷來的糖。媽媽說那叫分髒。

「我沒有偷，但是沒叫他不偷，因爲他都跟我分。我現在之道，偷是決對不可以的。我再也不會了。很倒沒，媽媽處法我寫報告，寫錯很多字，茶了很久，我心裡很南過。很南過。一九九三年九月二十八日」

你知道弗瑞弟的遭遇嗎？第二天早上，他捧了一束鮮花，和他爸爸走到哈樂超市，向老闆鞠躬道歉。回來之後，被禁足一星期，意思就是說，放學回來只能在花園裡自己玩，不許出門。和好朋友安安只能隔籬遠遠相望。從書房裡，媽媽聽到他們彼此的探問。

「弗瑞弟，我媽法我寫文章，現在還法我掃落葉。你在幹什麼？」

掃把聲。腳踏落葉聲。

「我媽也法我掃花園。葉子滿地都是。」

安靜。

「可是我覺得滿好玩的——你不喜歡掃落葉嗎，弗瑞弟？」

「喜歡呀，可是，我媽還法我三天不准看電視。」

「啊，我也是……」黯然。

又是一個陽光濃似花生油的下午。

在流水時光中，「孩子」華安與華飛
如今已是十九歲與十五歲的翩翩少年，
他們爲了這本書十周年後改版重出，
各自寫下了他們想對母親說的話，
是「跋」，也是另一個生命的「序」。

我這樣長大

華飛

十二點四十五分，終於到家。

村子裡的維多利亞小學離我們家大概只要走十分鐘，但我通常需要兩三倍的時間。十二點一放學，幾個死黨就會討論：今天走哪條路？每天試不同的路線。我們走得很慢很慢，邊走邊玩。最「祕密」的一條路，是繞到學校後面，穿過一個墳場，半片無人的森林。

當然，在小店「寫寫」逗留一番是絕對必要的。「寫寫」是學校附近唯一的小店，賣文具紙張還有玩具。我們每天去看有沒有新的「樂高」，然後算算還要存多久的零用錢，才買得起。所有維多利亞小學生都熟悉的那個女老闆，總是用一種很不

高興的眼光往下面盯著我們看，一副恨不得把我們都抓起來丟出去的表情。最奇怪的是，她的德文姓是「熱情」，我們禮貌地叫她「熱情」太太。

一進門我就習慣地大喊，「媽，我回來了！」

樓上書房就傳來一聲「好」的回答，然後一定是打噴嚏。媽媽有花粉熱。不情願，但是沒辦法，回家第一件事一定是寫作業。一邊寫作業，一邊聞到廚房裡傳來的香味：好像是洋蔥炒豬肝，還有香噴噴的泰國香米飯。功課只有一點點，做得差不多的時候，飯菜大概已經擺上了桌，這時哥哥華安也到了家，大概一點半，也就是一起吃飯的時候了。

飯桌上的談話，總是繞著學校吧。我很熱切地要報告今天老師教的我們的「村史」——村子裡有條小溪，我們常到那條小溪裡用手抓鱒魚。「村史」地圖把那條小溪畫了出來。

吃過飯之後，就眞的沒事幹了。我就跟著媽媽走進她的書房。我趴在她腳邊的地毯上畫漫畫，她在書桌上寫字（要到好多年之後才知道她是在寫「文章」。）她一直打噴嚏。我動不動就去糾纏她，坐在她腿上，跟她說東說西，一看她又低頭寫字了，我就又要她下來，跟我一起趴著，看我畫的東西。

現在回想，眞不知她那時怎麼寫作的。

時間慢慢走，總在這時候華安從他的房間大喊，「媽媽，作業做完了，我可不

可以去踢球？」媽媽的反應永遠是大驚小怪：「怎麼可能？你每天的作業只做十五分鐘都不到啊？人家台灣的小朋友要寫三個小時呢，德國教育有毛病！」她就離開書桌，拿起華安的本子翻一翻，華安咕嚕咕嚕胡亂解釋一通，媽媽就准了。

但是慢點，有條件：「你讓弟弟跟你一起去好嗎？」

華安太不情願了，因爲他覺得小他四歲的小鬼很煩人，很黏，很討厭。他就跟媽媽磨來磨去，就是不肯讓弟弟跟著他。我呢，站在一旁，假裝出無所謂的樣子，甚至於酷酷地說：「我根本不想去」，但是，唉，心裡想死了：拜託，讓我去吧。

結果多半是哥哥讓步了，我們一高一矮就抱著球，出了門。

球場非常簡單，其實只是一塊空地，加一個老舊的門。一下雨就滿地黃泥。華安的夥伴們已經在等他。我們開始死命地踢球，兩個小時下來，頭髮因爲泥巴和汗水而結成塊，鞋子裡滿滿是沙，臉上、手上、腿上，一層泥。可以回家了。

有時候，哥哥鐵了心，就是不肯讓我跟，媽媽也理解他，不願勉強。她就會帶著我，可能還有「小白菜」——我的小小金髮女友，走到家對面那個大草原去採花。都是野花，採了的花，放在媽媽帶來的竹籃裡，帶回家做植物標本。媽媽還給我準備了一個本來裝蜂蜜的玻璃瓶，她用剪刀在金屬瓶蓋上啄出幾個洞。草原上的草長得很高，蚱蜢特別多，蹦來蹦去。我就一隻一隻抓，抓到的放進玻璃瓶裡。原來那些洞，是讓蚱蜢呼吸的。

Bernhard Walther／攝影

在他的幼稚班上，小朋友像蜜蜂一樣，
這兒一群、那兒一串，沒有一個定點。
團體活動，倒也不是沒有。
譬如體育，孩子們學著翻觔斗、跳馬、玩大風吹；
譬如唱歌，孩子們圍著彈吉他的老師邊彈邊唱。

玻璃瓶裡裝了幾十隻蚱蜢之後，我們就回家。我把蚱蜢再一隻一隻從瓶子裡倒出來，倒到我們的花園草地上。也就是說，我開始飼養蚱蜢。

可是好景不長，很快我就發現，蚱蜢把我在花園裡很辛苦種下的蕃茄都給吃掉了。

有時候，媽媽帶我們在草原上放風箏。草原那麼大，草綠得出水，我們躺下來，看風箏在天空裡飛。我覺得我可以一輩子躺在那裡。

然後就是晚餐時間了。晚餐，通常是由我們的匈牙利管家煮的。她常做匈牙利燉牛肉給我們吃。

吃過晚餐以後，媽媽准許我和哥哥看一點點電視，大概半個小時到一小時，絕不超過。對這個她特別嚴格，一點不心軟。時間一到，媽媽就出現了。像個母雞一樣，把我們半推半牽帶到浴室。「刷牙」的儀式是這樣的：浴室有兩個洗手台，她放一只矮腳凳在一個洗手台前，那就是讓我踩上去的地方；我太矮，上了矮腳凳才看得見鏡子。她就靠在浴缸邊緣，看我們刷牙，洗臉，換上睡衣。哥哥轉身要走，她就大叫：「牙套——」。哥哥矯正牙齒三年，我聽媽媽叫「牙套——」也聽了三年。她總是用德語說「牙套」這個字。

洗刷乾淨了，接著就是「孫悟空時段」。我們坐在床上，哥哥和我並肩靠著枕頭，被子蓋在膝上。媽媽坐在床沿，手上一本敞開的《西遊記》。她並不照著書本

念，而是用講的。我們也不斷地七嘴八舌打斷她：「那孫悟空身上總共有幾根毛呢？」「豬八戒用鼻子還是用嘴巴呼吸？」她永遠有辦法回答我們的問題，而且回答永遠那麼生動那麼新鮮有趣。同時跟我們看圖，讓我們認識故事裡每一個人物的個性和造型。

聽到豬八戒「懷孕」的那一段，我和哥哥笑得在床上打滾。然後哀求媽媽「再講一次，晚一點睡覺，再講一次……」

再怎麼耍賴，睡覺的時刻還是逃不掉。講了二、三十分鐘故事之後，她就把書闔起來，一個人親一下，然後就關了燈，輕手輕腳帶上門。

我們在黑暗中，聽她輕輕的腳步聲，走向她的書房（也要好幾年之後，我夠大了，才知道，每天晚上，這個時候她才能開始寫作。）

她一走，我們就從被子裡出來，開始搗亂，「躲貓貓」的遊戲正式開動。我們悄悄開燈，玩「樂高」積木，或者大聲講話，或者躲到衣櫥裡去，就是想等她發現，等她來。沒幾分鐘，她不放心，果眞來了。假裝生氣地罵人，把我們趕上床，關燈，關門，又回到她的文章。她一走，我們又像老鼠出洞，開燈，鑽到床底下，唱歌、說笑……等她來。

她又來，這回有點氣急敗壞了，把我們從床底下揪出來。

她不太知道的是，她愈是氣急敗壞，我們愈興奮。搞得媽媽無法工作，給我們

莫大的成就感。

這樣來來回回好幾回合之後，都過十點了，媽媽會氣得拿出一支打毯子的雞毛撣子，做出很「狠」的樣子，「手伸出來」。我們就開始繞著房間逃。她怎麼也打不到。見她老打不到，心裡的得意到今天還記得。當然，也要等到長大之後，才發現，唉呀，她不是眞的打不到啊。

最後，我們自己把自己給累倒了。倒在床上，筋疲力盡。

模模糊糊中，感覺有人進來，那是工作了一整天的爸爸回來了。他輕輕地推門進來，走到我床邊，摸摸我的頭，彎下身來在我耳邊很輕很輕地說：「晚安，孩子。」

——寫於十五歲時在香港

Bernhard Walther／攝影

母親以一種安靜的、潛移默化的方式，
把我教育成了一個「像一株小樹一樣正直」的人。

放手

華安

寫童年不是個容易的題目；童年彷彿很近，然而幼稚的記憶是模糊的，片段的印象也沒有時間的順序，我很難找出一條邏輯清晰的線來敘述。兒時跟父親相處的時間少，但個別的場景分明，大部分的時間都環繞著母親，但是因爲太多，印象就朦朧成一團。

我的父母親太不一樣了：父親扮演了一個放任自由的角色，但是對我的成長細節沒什麼理解，相對之下，母親就變成集責任於一身的嚴格的教育者，但是又充滿溫暖。母親和我最大的歧異在於，我只在乎好玩，她卻很在意什麼是我將來需要的才能或者品格。譬如彈鋼琴，在母親面前假裝練琴練了八年，其實根本沒練，今天也全忘光了；這場拔河，我是贏了。譬如游泳，母親說游泳重要，所以我就努力杯葛，總是用最慢的速度走向體育館，好幾次，我走到的時候，游泳課已經下課了。

被母親逮著時，她會連拉帶扯地把我塞進汽車裡，一路「押」到游泳池，但是這種貓抓老鼠的遊戲，總是老鼠贏的機率高。

我承認自己是個頑皮的孩子。琴彈得不好，泳游得不精，我也沒法倒過來「指控」她說：「當年我小，你應該強迫我啊」，因爲我記得那麼清楚，當年她就說：「好，現在我不強迫你了，但是你長大以後不要倒過來埋怨我沒強迫你喔。」

儘管我們之間一直有這種成長的「拔河」，母親卻仍然以一種安靜的、潛移默化的方式，把我教育成了一個，用她的語言來說，「像一株小樹一樣正直」的人。跟我接觸的德國人總是說：「安德烈的思想和舉止特別成熟」，我大概不得不感謝我的母親。是她教了我如何作深刻的批判、理性的思考，尤其是對於現象如何敏銳靜觀。當然，並非事事美好。我超強的「敏銳靜觀」能力，往往不是用在該用的地方，譬如課堂裡枯燥無味的講課，而是在不該用的地方，譬如課堂外頭唱歌的小鳥。接連四年的成績單上，不同的導師卻都寫相同的評語：安德烈不夠專心。

跟什麼都「放手」的父親比起來，母親簡直就是我和弟弟的「家庭獨裁」。今天我能夠理解了：她對我一方面極其嚴格，督促我努力學習、認眞做事，一方面又卻極其講究自由尊重和理性思考。這兩種有點矛盾的態度來自她自己身上兩個成長印記：一個是她本身在台灣所受的教養——保守的、傳統的，另一個卻是，她是一個成長在六十年代末、七十年代初的知識分子——崇尚自由和理性。

華飛所記憶的童年和我作爲「老大」的是有差異的。他記憶中，媽媽有很多的口頭威脅卻從來不曾眞正對我們「動武」——那是他的部分，我可記得她的梳子，還有那一支細小的雞毛撢子，手心打得可疼，有時候也打屁股，還有，總共有兩次，她甚至打了我的臉。

當然最多、最鮮明的記憶，還是那些溫馨甜美的時光。週末，一整個晚上我們三人圍在床上一起朗讀、講故事，整個晚上。從安徒生童話、希臘神話到傳統的中國民間故事，從花木蘭到三國演義，我們的視野地平線簡直是一種無限寬闊的開展。母親和我們這種親密相處方式，說起來就彷彿是現代親子教科書裡會鼓吹的一種知性教育範本，但是對於當時的我們，也不過就是晚上與母親的溫存時刻，而且，爲了不睡覺，講故事朗讀的時間，能拖多長就拖多長，愈長愈好。

就在我寫的此刻，更多的回憶一點一滴地滲進我的思維。以我和弟弟、和母親的關係來說，我一點兒也不覺得這兩個人是我的「家人」，反而比較覺得他們是我的摯友。對我的朋友們我是不太願意承認的，但實情是，我是在和華飛的日夜廝磨中長大的，而母親，更曾是我的宇宙核心。一個典型的下午，做了功課（或說，我假裝做了功課之後），我們倆一定是在母親的書房裡流連。每當「底笛」和我在書房裡亂搞了什麼異想天開的事，母親就會從書桌上抬起頭來說：「喂，看看書怎麼樣？」

她沒變，這個句子到今天她還在說——而我也沒變，仍舊不愛看書。希望我

Bernhard Walther／攝影

你可以說：「孩子你慢慢來」，
可是有時候，快快地「放手」或許也是必要的。
我知道，這很難，難極了，
但是如果你記得我們兒時的甜蜜時光……

「發揮潛能」的這個想法在母親心中，有時會引發一種極其尷尬的情況。我記得五年級時，母親收到學校一個通知：如果認爲孩子有音樂天分，家長可以帶孩子去面試，以便進音樂資優班。母親以爲這是所有孩子都得上的課，因此如約帶了我，準時到達了音樂教室門口。坐在鋼琴旁的老師，要我開口唱一首最簡單的德國兒歌，我卻當場嚇呆了，一個字都唱不出來，伊伊呀呀不成音調，手指放上琴鍵，卻一個音也彈不下去。音樂老師顯然不耐煩了，跟母親解釋，這是有特殊「天分」的孩子才需要來，母親卻覺得，她收到的信明明說是每個人都得來的。

當然母親理解錯了。

那是第一次，我發現，德國是一個母親不熟悉的「異國文化」，在這個「異國文化」——我的「本土文化」裡，我比她還行。十歲，我就發現，在抽象思維和大視野、大問題上，她好像懂得很多，但是德國生活裡的瑣瑣碎碎、點點滴滴，華安懂得多。因爲這種「分裂」，我就常常和她有不同意見，最嚴重的時候，甚至還因爲有這樣不進入「狀況」的母親而覺得羞愧。

今天，我卻以母親的「異國文化」爲榮，以這樣的母親爲榮。即使我們在過去的歲月裡常常有溝通的困難，我想告訴她：不要忘記這些過去的記憶，因爲這些記憶，會跟著我們的人生，一生一世，只不過，它們不再像我們兒時那麼的明顯。你可以說：「孩子你慢慢來」，可是有時候，快快地「放手」或許也是必要的。我知

道，這很難，難極了，但是如果你記得我們兒時的甜蜜時光，如果你知道你在我們心中永遠的位置，或許，它就會容易一點點。

——寫於十九歲時

新人間叢書⑨⑩

孩子你慢慢來

作者——龍應台
副總編輯——葉美瑤
編輯——黃嬿羽
美術編輯——張瑜卿
責任企劃——黃千芳
校對——黃嬿羽
董事長——孫思照
發行人——孫思照
總經理——莫昭平
總編輯——林馨琴
出版者——時報文化出版企業股份有限公司
10803台北市和平西路三段二四〇號三樓
發行專線——（〇二）二三〇六—六八四二
讀者服務專線——〇八〇〇—二三一—七〇五・（〇二）二三〇四—七一〇三
讀者服務傳眞——（〇二）二三〇四—六八五八
郵撥——一九三四四七二四時報文化出版公司
信箱——台北郵政七九～九九信箱
時報悅讀網——http://www.readingtimes.com.tw
電子郵件信箱——liter@readingtimes.com.tw
印刷——華展印刷公司
初版一刷——二〇〇五年五月九日
二版一刷——二〇〇八年二月十二日
定價——新台幣二六〇元
行政院新聞局局版北市業字第八〇號

國家圖書館出版品預行編目資料

孩子你慢慢來／龍應台著 -- 二版. -- 臺北市：時報文化, 2008.2
面；公分. --（新人間；910）
ISBN 978-957-13-4790-5（平裝）

855　　97000167

ISBN 978-957-13-4790-5
Printed in Taiwan